Vegane Volksküche

Vegane Volksküche

aus der beliebten TV-Sendereihe
„Vegetarische Volksküche"

Gabriele-Verlag
Das Wort

3. Auflage Oktober 2014

© Gabriele-Verlag Das Wort GmbH
Max-Braun-Str. 2, 97828 Marktheidenfeld
Tel. 09391/504-135, Fax 09391/504-133
www.gabriele-verlag.de

Druck: KlarDruck GmbH, Marktheidenfeld

ISBN 978-3-89201-355-6

Inhalt

Hauptspeisen

Desserts & Getränke

Liebe Leser,

Sie haben sich - wie viele Tierfreunde und ernährungsbewusste Menschen - für ein veganes Kochbuch entschieden und damit für gute, schmackhafte Gerichte ohne Tierleid.

Ganz gleich, ob Sie schon lange fleischlos essen und eventuell in der veganen Küche bereits versiert sind, oder ob Sie gerade Ihre ersten Erfahrungen sammeln, mit diesem Kochbuch haben Sie eine echte Hilfe zur Hand. Die Rezepte stammen aus der beliebten TV-Sendereihe „Vegetarische Volksküche". Aufgrund der großen Nachfrage nach diesen Rezepten haben wir - mit freundlichem Einverständnis der TV-Köche - in diesem Kochbuch eine Auswahl für Sie zusammengestellt: feine Vorspeisen, Suppen und Salate, herzhafte Hauptspeisen und raffinierte Desserts, alles unkompliziert und im Nu zubereitet.

Übrigens: Bei den meisten Rezepten finden Sie den QR-Code, mit dem Sie die dazugehörige TV-Sendung direkt über Ihr Smartphone aufrufen und beim Kochen parallel den TV-Köchen über die Schulter schauen können. Oder schauen Sie die Sendung einfach im Internet unter www.vegane-volksküche.de.

Ein Umdenken ist im Gang - immer mehr Menschen entdecken die Vorzüge der veganen Ernährung. Sie wissen selbst, warum Sie sich für ein veganes Kochbuch entschieden haben. Häufig wird man aber auch mit ehrlich gemeinten Fragen oder mit Vorurteilen konfrontiert, auf die man gerne eine fundierte Antwort geben möchte. Dazu finden Sie auf Seite 164 einige Literaturempfehlungen zum Thema.

Damit Ihre veganen Gerichte wirklich gut schmecken und auch bekömmlich sind, ist es ratsam, Produkte in bester Qualität zu verwenden. Wir empfehlen deshalb die Naturprodukte aus Friedfertigem Landbau. Sie dürfen wachsen und reifen - ohne den Einsatz von Mist und Gülle, ohne Genmanipulation, ohne Pestizide, Herbizide oder Fungizide - und werden ohne Konservierungssstoffe weiterverarbeitet. In der Anwendung der Goldenen Regel des Jesus von Nazareth „Was du willst, dass dir andere tun sollen, das tue du ihnen zuerst" schließt der Friedfertige Landbau alles Leben ein - Mineralien, Pflanzen, Tiere und auch die Kleinstlebewesen in der Erde.

Das Konzept für den Friedfertigen Landbau ist - ebenso wie umfassende und konkrete Hilfen für alle Lebensbereiche - aus dem Gottesgeist gegeben, durch Gabriele, die Prophetin und Botschafterin Gottes in unserer Zeit, die seit nahezu 40 Jahren ihre Stimme erhebt für einen friedfertigen Umgang mit unseren Mitgeschöpfen, den Tieren, und mit der gesamten Mutter Erde. Die Erfahrung zeigt: Wo der Mensch die Friedfertigkeit und die Einheit mit Natur und Tieren anstrebt, ist gutes Gedeihen, ist Leben - auch für künftige Generationen.

Die Produkte aus Friedfertigem Landbau - z.B. Brot, Obst, Gemüse, Feinkost, Aufstriche und vieles mehr - erhalten Sie aus einer Hand, vom Anbau bis zum Kunden, als Garantie für stets hervorragende Qualität. Beachten Sie unsere Produktempfehlung auf Seite 160!

Viel Freude beim Kochen und beim Genießen!

Vorspeisen, Suppen & Salate

AUBERGINEN-
ANTIPASTI

Zutaten für 2 Portionen:

1 große Aubergine

Olivenöl zum Braten

Salz

Pfeffer

*nach Wunsch etwas frischen
Zitronensaft*

Zubereitung:

🍴 Die Aubergine der Länge nach in dünne Scheiben (0,5 - 1 cm) schneiden. Mit etwas Salz bestreuen und warten, bis sich Wassertröpfchen darauf bilden. Diese mit Küchenpapier abtupfen. Das Salz entzieht der Aubergine die Bitterstoffe.

🍴 Öl in einer Pfanne erhitzen. Die Auberginenscheiben darin auf beiden Seiten braten, bis sie goldbraun werden.

🍴 Die Auberginenscheiben herausnehmen und auf Küchenpapier legen, um überschüssiges Öl zu entfernen. Zum Schluss mit Pfeffer und nach Wunsch ein paar Tropfen Zitronensaft verfeinern.

Serviertipp:
Heiß oder kalt ein Genuss, z.B. zu frisch getoastetem Brot.

Variante:
Die gesalzenen Auberginenscheiben auf ein eingefettetes Backblech legen, nach Belieben würzen und im vorgeheizten Backofen bei 190° Umluft 15 Minuten backen.

www.vegane-volksküche.de

AUBERGINEN-RÖLLCHEN
mit iBi-Hot-Füllung und Rucola

Zutaten für 2 Portionen:

1 große Aubergine

*1 Glas pikanter Aufstrich
(z.B. iBi-Hot)*

1 Handvoll Rucola

Olivenöl zum Braten

Salz

Zubereitung:

🍴 Die Aubergine der Länge nach in dünne Scheiben (0,5 - 1 cm) schneiden. Mit etwas Salz bestreuen und warten, bis sich Wassertröpfchen darauf bilden. Diese mit Küchenpapier abtupfen. Das Salz entzieht der Aubergine die Bitterstoffe.

🍴 Öl in einer Pfanne erhitzen. Die Auberginenscheiben darin auf beiden Seiten braten, bis sie goldbraun werden.

🍴 Die Auberginenscheiben herausnehmen und auf Küchenpapier legen, um überschüssiges Öl zu entfernen. Einige Minuten abkühlen lassen.

🍴 Auf jede Auberginenscheibe in die Mitte 1 TL Brotaufstrich setzen und quer darauf ein kleines Sträußchen Rucola.
Dann die Auberginenscheibe eng einrollen.

Serviertipp: Eine feine Delikatesse fürs Buffet, als Vorspeise, als leckere Feinkost-Beilage zur Brotzeit oder auch als schmackhafte Beilage zu Bratkartoffeln und Salat.

AUBERGINENSALAT

mit Tomaten

Zutaten für 2 Portionen:

1 große Aubergine

2 - 3 Tomaten

2 Lauchzwiebeln

1 Handvoll frische Kräuter,
 gemischt: Basilikum,
 Petersilie, Thymian

5 EL Bratöl

5 EL Olivenöl

2 EL Himbeeressig

Salz

Streuwürze

Zubereitung:

- Auberginen in kleine Würfel schneiden und salzen. Ca. 10 Min. stehen lassen.

- In der Zwischenzeit die Tomaten in kleine Schnitze schneiden, die Kräuter und Lauchzwiebeln klein schneiden und alles in eine Salatschüssel geben.

- Die Auberginenwürfel in einem Sieb kurz unter fließendem Wasser abwaschen. So gehen die Bitterstoffe heraus.

- Dann in einer Pfanne im Bratöl auf hoher Hitze anbraten. Mit Salz und Pfeffer würzen. Noch warm mit den übrigen Salatzutaten und dem Olivenöl, dem Himbeeressig und etwas Streuwürze vermischen.

Tipps: Der Salat kann auch am Vortag zubereitet werden. Im Kühlschrank aufbewahren. Bringen Sie mit dem Auberginensalat Abwechslung in Ihre Salatküche und in Ihre Buffets. Variieren Sie auch nach Belieben, z.B. indem Sie Sonnenblumenkerne hinzufügen, oder geben Sie vor dem Servieren frisch geröstete Croutons auf den Salat ...

www.vegane-volksküche.de

BADISCHER

KARTOFFELSALAT

Zutaten für 2 Portionen:

500 g Kartoffeln (fest kochend)

1 Zwiebel

4 EL Pflanzenöl

150 ml Gemüsebrühe

2 TL Senf (mittelscharf)

3 EL Weißweinessig
  oder Apfelessig

Salz

Pfeffer

Zubereitung:

- Kartoffeln mit Schale in Wasser kochen, bis sie gar sind. Abkühlen lassen, bis sie lauwarm sind.

- Dann pellen, in Scheiben schneiden und in eine Salatschüssel geben.

- Zwiebel klein schneiden und in einer Pfanne in Öl glasig dünsten. Senf, Gemüsebrühe, Essig, Salz und Pfeffer dazugeben. Kurz köcheln lassen, dann heiß über die Kartoffelscheiben gießen.

- Den Salat gut durchziehen lassen; die Kartoffeln nehmen noch viel Flüssigkeit auf. Bei Bedarf nochmal abschmecken und nachwürzen.

Variante: Den Kartoffelsalat mit Radieschenscheiben und fein geschnittenen Schnittlauchstreifen garnieren.

Serviertipp: Dazu herzhaftes Brot oder vegetarische Würstchen servieren. Ideal für Buffets sowie für Ihre Grill-Party im Sommer.

www.vegane-volksküche.de

BÄRLAUCHBLÄTTER
mariniert

Zutaten für 2 Portionen:

5 EL Olivenöl

2 TL Streuwürze

nach Wunsch 1 Spritzer Balsamico-
Essig oder Zitronensaft

1 Handvoll frische Bärlauchblätter

Zubereitung:

❧ Aus dem Olivenöl und der Streuwürze eine würzige Marinade
herstellen.

❧ Die frischen Bärlauchblätter waschen, mit Küchenpapier trocknen
und auf einem Teller reichlich mit der Marinade bestreichen.

❧ Mindestens 30 Minuten ziehen lassen.

❧ Nach Wunsch mit einem Spritzer Zitronensaft oder Balsamico-Essig
verfeinern.

❧ Eine Delikatesse auf frischem, leichten Brot. Auch eine schöne
Beilage zu Kartoffeln.

Tipp:
Winzer-Baguette schräg in Scheiben schneiden und mit einem
Aufstrich Ihrer Wahl - z.B. iBi - bestreichen. Mit den marinierten
Bärlauchblättern belegen.

BROTSUPPE

mit Bärlauch

Zutaten für 2 Portionen:

150 g gereiftes Brot

2 Zwiebeln

1 Handvoll Bärlauchblätter

1 Liter Wasser

5 EL Olivenöl

Streuwürze

Zubereitung:

🌿 Brot in kleine Würfel schneiden. Zwiebeln schälen, fein schneiden, in einem Topf in Olivenöl glasig dünsten.

🌿 Brotwürfel dazugeben und kurz mitbraten.

🌿 1 Liter Wasser dazugießen und 5 Minuten kochen lassen.

🌿 Mit dem Zauberstab pürieren.

🌿 Den fein geschnittenen Bärlauch unterrühren und mit der Streuwürze abschmecken. Heiß servieren.

Variante: Wenn Sie keine frischen Bärlauchblätter zur Hand haben, verwenden Sie statt dessen 4 TL Bärlauch-Soße aus dem Glas.

ERFRISCHENDER BAUERNSALAT

Zutaten für 2 Portionen:

1 kleine Salatgurke

2 Tomaten

1 Zucchini

1 rote Paprika

1 kleine Zwiebel

1 vegetarische Landwurst

3 EL Olivenöl

3 EL Balsamico

2 TL Pesto oder Petersiliensoße

Streuwürze

Zubereitung:

🍴 Gurke der Länge nach halbieren und die Hälften ungeschält in ca. 5 mm dicke Halbmonde schneiden.

🍴 Zucchini mit Schale in dünne Stifte schneiden.

🍴 Paprika putzen und in Würfel schneiden.

🍴 Zwiebel schälen und in Ringe schneiden.

🍴 Vegetarische Landwurst der Länge nach vierteln und die Viertel in Scheiben schneiden.

🍴 Olivenöl, Balsamico und Pesto in einer Salatschüssel miteinander vermischen und mit Streuwürze abschmecken. Alle Zutaten mit der Salatsoße vermischen.

Serviertipp: Legen Sie eine Schale mit schönen großen Salatblättern aus, so dass diese eine Schüssel bilden, und füllen Sie dann den Salat ein.

GAZPACHO

(kalte Gemüsesuppe)

Zutaten für 2 Portionen:

500 g Tomaten

1/2 Zwiebel

1 große Salatgurke

3 Knoblauchzehen

1 rote Paprika

1 Scheibe Weißbrot

ca. 150 ml Wasser

4 EL Olivenöl

5 TL Pesto

2-3 TL Streuwürze

1 Msp. Chilipulver

Zubereitung:

🌶 Tomaten vierteln, Zwiebel und Knoblauch schälen, Paprika und Gurke putzen und in grobe Stücke schneiden.

🌶 Alles zusammen mit dem Weißbrot, dem Pesto, dem Öl, der Streuwürze, dem Chilipulver und dem Wasser in einem Standmixer pürieren.

🌶 Kalt servieren.

Tipps:

Die Suppe lässt sich leicht vorbereiten und hält gut einen Tag im Kühlschrank. In der Thermoskanne mitgenommen, ist sie eine echte Bereicherung für Ihr Sommerpicknick.

GEMÜSE

im Kichererbsenteig

Zutaten für 2 Portionen:

1 Zwiebel

1 kleine Karotte

1/4 Salatgurke

1 rote Paprika

1 kl. Tasse Kichererbsenmehl

1 kl. Tasse Weizenmehl

1 TL Backpuler

Salz

1 TL Kreuzkümmel

2 TL Paprika edelsüß

1 Messerspitze Chilipulver

Wasser

Bratöl

Zubereitung:

Kichererbsenmehl, Weizenmehl und die Gewürze in eine Schüssel geben. Vorsichtig mit Wasser vermischen, bis ein zähflüssiger Teig entsteht. Mit Salz würzen.

Reichlich Bratöl in einer Pfanne erhitzen. Die Zwiebel schälen und in Ringe schneiden. Die Zwiebelringe nach und nach in den Kichererbsenteig tauchen, kurz abtropfen lassen und im heißen Öl beidseitig goldbraun braten.

Die geschälte Karotte und das Gurkenstück grob in eine Schüssel raffeln. Die Paprika in kleine Stücke (wie Zwiebeln) schneiden und mit dem Gemüse vermischen. Die Gemüsemischung in den restlichen Kichererbsenteig einrühren.

Jeweils einen gehäuften Esslöffel der Gemüsemischung ins heiße Öl geben, so dass kleine Küchlein entstehen; diese goldbraun braten.

Serviertipp: Die gebratenen Zwiebelringe und Gemüseküchlein schmecken sowohl kalt als auch heiß und eignen sich als Snack oder kleine Vorspeise, aber auch als Hauptspeise, z.B. als feine Salatbeilage. Dazu passen gut scharfe Soßen oder Dips, z.B. Curry-Ketchup, süß-saure Chinasoßen, mexikanische Dips usw.

Variante: Wenn Sie kein Kichererbsenmehl zur Hand haben, können Sie auch Weizenmehl verwenden. Kichererbsenmehl macht das Frittierte besonders knusprig und gibt geschmacklich einen Pfiff!

www.vegane-volksküche.de

Gurken-Kartoffel-Creme-Suppe

Zutaten für 2 Portionen:

2 Kartoffeln
1 mittelgroße Gurke
400 ml Gemüsebrühe
100 ml Hafersahne
1 Schuss Weißwein

Zubereitung:

🍽️ Kartoffeln und Gurke schälen und in kleine Würfel schneiden.

🍽️ In einem Topf in der Gemüsebrühe ca. 10 Minuten köcheln lassen.

🍽️ Dann mit dem Stabmixer pürieren.

🍽️ Nochmals kurz köcheln lassen und mit einem Schuss Weißwein und der Hafersahne verfeinern. Nach Bedarf mit etwas Salz abschmecken.

🍽️ Heiß anrichten, mit Pfefferminzblättern dekorieren.

Variante: Ersetzen Sie die Gurken mit Zucchini, und pürieren Sie noch etwas frische Pfefferminze mit hinein. Ebenso ein echter Genuss!

GURKENSALAT

wie zu Omas Zeiten

Zutaten für 2 Portionen:

1 Salatgurke
2 EL Zitronensaft
2 EL Olivenöl
Streuwürze

Zubereitung:

- Gurke waschen, nach Wunsch schälen oder mit der Schale* in eine Schüssel raffeln.

- Mit einem kleinen Unterteller pressen und den so gewonnenen Saft in ein Glas gießen (zum Trinken).

- Die ausgepresste, geraffelte Gurke mit dem Olivenöl, reichlich Streuwürze und dem Zitronensaft mischen.

Tipps: Mit Salatblättern auf einem Teller schön anrichten, nach Wunsch mit Zitronenscheiben, Tomatenhälften und etwas gehackter Petersilie garnieren. Eine Delikatesse! Dazu helles Brot servieren.

* Bei guten, hochwertigen Gurken, z.B. aus Friedfertigem Landbau, kann man die Schale dran lassen.

GURKENSCHNITZEL
gebraten und paniert

Zutaten für 2 Portionen:

1 Salatgurke

Mineralwasser

2 EL Mehl

2 EL Paniermehl

4 EL Bratöl

Streuwürze

Pfeffer

1 Glas iBi-tziki

Zubereitung:

❧ Die Gurke in ca. 8 cm lange Stücke und diese der Länge nach in ca. 6 mm dicke Scheiben schneiden.

❧ Die Hälfte der Scheiben panieren und in reichlich Öl in einer Bratpfanne (oder in der Friteuse) auf beiden Seiten goldbraun braten. Panieren ohne Ei ist möglich: Aus Mehl und Mineralwasser einen dünnflüssigen Teig rühren und diesen mit Streuwürze reichlich würzen. Die Gurkenscheiben in den Teig tauchen und in Paniermehl wenden; leicht andrücken.

❧ Die nicht panierten Gurkenscheiben ebenfalls in Öl in einer Pfanne (nicht in der Friteuse) braten und während des Bratens beidseitig mit Streuwürze und etwas Pfeffer bestreuen.

Serviertipp: Heiß oder kalt genießen. Dazu iBi-tziki und helles Brot (z.B. Fladenbrot oder Winzer Baguette) servieren.

Variante: Wer es gerne würzig mag, kann für die Panade auch Bier statt Mineralwasser verwenden.

HOKKAIDO-ANTIPASTI

Zutaten für 2 Portionen:

1 mittelgroßer Hokkaido-Kürbis
Streuwürze
Bratöl
Pfeffer oder Currypulver

Zubereitung:

- Hokkaido waschen, vierteln und mit einem Löffel die Kerne entfernen. Nicht schälen!

- Die Hokkaido-Viertel in ca. 1 cm dicke Spalten (Halbmonde) schneiden.

- Mit Streuwürze und nach Wunsch mit etwas Currypulver oder Pfeffer würzen.

- Reichlich Öl oder Pflanzen-Margarine in einer Pfanne erhitzen.

- Die gewürzten Kürbis-Spalten darin ohne Deckel auf beiden Seiten braten, bis sie gar sind. Zum Braten eignen sich natürlich auch kleine Hokkaidowürfel.

Variante: Die Hokkaido-Antipasti kann man auch im Ofen backen: Ofen auf 200 Grad erhitzen, Kürbisspalten auf Backpapier legen. Nach Belieben würzen, z.B. mit Streuwürze und Pfeffer. Olivenöl darüber träufeln und ca. 20 Minuten im Ofen backen. Gemüsevarianten: Rote Bete, Zwiebeln, Lauch, Patisson-Kürbis

Schmeckt auch wunderbar mit frischem Rosmarin oder mit gehobelten Mandeln.

HOKKAIDO-KÜRBISSUPPE

Zutaten für 2 Portionen:

1 mittelgroßer Hokkaido-Kürbis

Streuwürze

Salz

Kräuter

Wasser

Curry

Apfelsaft

Zum Verfeinern nach Belieben:
iBi-Kräuter, Soja- oder Hafermilch
(Gourmet-Tipp: Kokosmilch)

Zubereitung:

🍴 Kürbis waschen, mit einem scharfen Messer vierteln und mit einem Löffel die Kerne entfernen. Nicht schälen.

🍴 Kürbis-Viertel in Stücke schneiden und in einen großen Topf geben. Wasser und etwas Apfelsaft hinzufügen, so dass die Kürbisstücke bedeckt sind. Zum Kochen bringen.

🍴 Mit Streuwürze und Salz würzen, bei mittlerer Hitze weich kochen und pürieren.

🍴 Nach Belieben mit etwas Currypulver abschmecken, mit iBi oder Soja-/Hafer-/Kokosmilch verfeinern und mit frisch gehackter Petersilie bestreut servieren!

Serviertipp: Servieren Sie die Suppe in großen, ausgehöhlten Hokkaido-Kürbissen.

KARTOFFEL-GURKEN-SALAT
mit Shiitake-Pilzen

Zutaten für 2 Portionen:

300 g Pellkartoffeln

1 halbe Salatgurke

100 g Shiitake-Pilze

4 EL Olivenöl

2 EL Essig

2 TL iBi-naise (Mayonnaise ohne Ei)

40 ml heißes Wasser

Salz

Pfeffer

Kräutersalz

1 Messerspitze Chilipulver

1 Handvoll Radieschen für die Garnitur

Zubereitung:

Die Shiitake-Pilze in kleine Würfel schneiden und in etwas Öl in einer Pfanne knusprig braten. Mit Kräutersalz und Chilipulver abschmecken.

Kartoffeln pellen und in kleine Würfel schneiden. Gurke der Länge nach halbieren, dann in Scheiben schneiden. Alles in eine Salatschüssel geben.

Öl, Essig, iBi-naise, etwas heißes Wasser und die gebratenen Shiitake-Würfelchen dazugeben. Alles gut vermischen und mit Salz und Pfeffer würzen.

Radieschen waschen, in Scheibchen schneiden und den Salat damit garnieren.

Serviertipp: Zusammen mit hellem Brot servieren.

www.vegane-volksküche.de

KARTOFFEL-LAUCH-SUPPE

Zutaten für 2 Portionen:

1 Kartoffel

2 kleine Lauchstangen

1 kleine Karotte

1 Zwiebel

500 ml Gemüsebrühe

5 EL Olivenöl

Salz

Zubereitung:

🍽 Kartoffel und Karotte schälen und in kleine Würfel schneiden. Den Lauch in feine Scheiben schneiden.

🍽 Zwiebel klein schneiden und in einem Topf in Olivenöl glasig dünsten.

🍽 Die restlichen Gemüsestücke dazugeben und unter Rühren zwei Minuten braten.

🍽 Die Gemüsebrühe darüber gießen und die Suppe zugedeckt etwa 5 - 10 Minuten köcheln lassen.

🍽 Nach Bedarf mit Salz abschmecken.

Variante: Wer es gerne deftig mag, kann noch vegetarische Würstchen hinzufügen.

Serviertipp: Mit gehackter Petersilie und gerösteten Sonnenblumenkernen servieren und Baguette dazu reichen. Wer möchte, kann die Baguettescheiben in der Pfanne mit Olivenöl anrösten und auf die Suppe legen.

KRÄUTER, ZWIEBELN ...
im Prosecco-Teig

Zutaten für 2 Portionen:

Zum Braten:

*Je 1 Handvoll Rucola, Petersilie
   und Brennessel, jeweils mit Stiel*

1 Handvoll Shiitake-Pilze

2 vegetarische Würstchen

1 Zwiebel

3 EL helles Weizenmehl

ca. 200 ml Prosecco

Streuwürze

Dip:

1 kleines Glas iBi-HOT (135 g)

2 TL iBi-naise

200 ml scharfe Tomatensoße

Zubereitung:

🌿 Zwiebel schälen und in Ringe schneiden. Shiitake-Pilze halbieren, die vegetarischen Würstchen in dicke Scheiben schneiden.

🌿 In einer Schüssel mit einem Schneebesen Mehl und Prosecco verrühren, bis ein zähflüssiger Teig entsteht. Mit reichlich Streuwürze würzen.

🌿 Öl in einer Pfanne erhitzen. Nach und nach die Würstchenscheiben, Zwiebelringe und Pilze in den Teig tauchen. Kurz abtropfen lassen und im Öl beidseitig knusprig braten.

🌿 Zum Schluss je ein kleines Bündchen der Kräuter, an den Stielen haltend, in den Teig tauchen, kurz abtropfen lassen und ebenfalls ins heiße Öl legen. Erst wenden, wenn die untere Seite gut gebraten ist. Bratöl hin und wieder erneuern.

Dip:

🌿 In einer kleinen Schüssel alle Zutaten miteinander vermischen.

Serviertipp: Als Vorspeise oder Hauptspeise - eine echte Delikatesse, und schnell gemacht!
Dazu passt helles Brot.

www.vegane-volksküche.de

MINESTRONE

Zutaten für 2 Portionen:

1 Zwiebel

1 Knoblauchzehe

1 Karotte

1 Stück Sellerie

1 Kartoffel

2 Tomaten

1 gehäufter EL Tomatenmark

2 EL gekochte Kidney-Bohnen

1 Handvoll Nudeln

2 EL gehackte Petersilie

5 EL Olivenöl

Streuwürze

Salz

Pfeffer

500 ml Wasser

Zubereitung:

- Zwiebel und Knoblauch schälen, klein schneiden und in einem Topf in Olivenöl dünsten.

- Karotte, Sellerie und Kartoffeln ebenfalls schälen und in kleine Würfel schneiden, zu den Zwiebeln nach und nach dazugeben und mitbraten.

- Mit Wasser ablöschen und mit Streuwürze, Pfeffer und Tomatenmark abschmecken.

- Die Bohnen und Nudeln hinzufügen und alles zugedeckt garen, bis die Nudeln al dente sind (ca. 8 Minuten).

- Zum Schluss die in Würfel geschnittenen Tomaten und die Petersilie dazugeben. Kurz köcheln lassen, bei Bedarf nachsalzen.

Serviertipp: Mit hellem Brot servieren.

www.vegane-volksküche.de

Pesto-Schnecken

Zutaten für 2 Portionen:

1 Packung Blätterteig,
 fix-fertig ausgerollt
1/4 Glas Pesto

Zubereitung:

🐦 Den Blätterteig mit dem Pesto bestreichen.

🐦 Locker aufrollen und in ca. 1 cm dicke Scheiben schneiden.

🐦 Backblech einfetten oder mit Backpapier belegen. Umluft-Ofen auf 200⁰ vorheizen.

🐦 Pesto-Schnecken auf Blech legen und 10 - 15 Minuten backen.

Serviertipp: Als Vorspeise oder als Hauptspeise z.B. mit Salat - oder für Partys und Buffets.

Variante: Die Blätterteigröllchen lassen sich beliebig füllen. Sie schmecken auch toll mit gehackten, gesalzenen Nüssen, mit Sesam oder auch mit frisch gehackten Kräutern, Öl und Salz.

ROTE-BETE-CARPACCIO

Zutaten für 2 Portionen:

2 gekochte Rote Bete

Olivenöl

Salz

Pfeffer

„Nussigiano"

Zitronenschale von
  1 unbehandelten Zitrone

Zubereitung:

🍽 Rote Bete mit einem Gemüsehobel in hauchdünne Scheiben schneiden.

🍽 Auf einem Teller oder einer Platte schön verteilen.

🍽 Mit Olivenöl beträufeln und mit Salz und Pfeffer abschmecken.

🍽 Etwas unbehandelte Zitronenschale darüber reiben.

🍽 Mit „Nussigiano" verfeinern (Rezept siehe bei Risotto mit Shiitake-Pilzen, Seite 114).

Serviertipp:

Als Vorspeise mit hellem Brot servieren oder als Hauptspeise z.B. zu Bratkartoffeln oder Polentaschnitten (siehe Seite 92). Polenta auf ca. 2 cm ausstreichen und in Streifen schneiden. Kann auch beidseitig goldbraun gebraten werden.
Hervorragend auch mit etwas Rucola und Zitrone als Dekoration.

ROTE-BETE-SALAT

nordische Art

Zutaten für 2 Portionen:

3 gekochte Rote Bete

1 Zwiebel

1 Apfel

3 Essiggurken

100 ml Mayonnaise ohne Ei
    (z.B. iBi-naise)

50 ml Wasser

1 TL Zucker

2 EL Essig

Salz

Pfeffer

Zubereitung:

🍃 Die gekochten Rote Bete in kleine Würfel schneiden und in eine Schüssel geben.

🍃 Zwiebel und Gurken klein schneiden. Apfel schälen, entkernen und in Würfel schneiden. Alles zu den Rote Bete hinzufügen.

🍃 Mit der iBi-naise, dem Wasser und dem Essig vermischen und mit Salz und Pfeffer abschmecken.

Serviertipp: Hervorragend dazu: Baguette oder Bratkartoffeln und ein Meerrettich-Dip.

Tipp: Rot gefärbte Hände bekommen Sie mit frischer Zitrone wieder sauber, oder arbeiten Sie mit Handschuhen.

www.vegane-volksküche.de

TOMATEN-AUBERGINEN-SALAT
mit Pesto

Zutaten für 2 Portionen:

5 Tomaten
1 mittelgroße Aubergine
Streuwürze
1 Messerspitze Chilipulver
Olivenöl zum Braten

für die Salatsoße:

3 EL Olivenöl
2 EL Balsamico-Essig
1 EL Wasser
4 EL Pesto

Zubereitung:

 Tomaten in Scheiben schneiden und auf zwei Teller verteilen.

 Salatsoße vorbereiten: Alle Zutaten mit dem Schneebesen mischen.

 Auberginen in ca. 5 mm dicke Scheiben und diese in Streifen schneiden. In einem Wok oder in der Bratpfanne in Olivenöl bissfest braten. Mit Streuwürze und Chilipulver abschmecken. Heiß über die Tomaten drapieren.

 Alles mit der Salatsoße beträufeln.

Serviertipp: Nach Wunsch mit rohen Zwiebelringen und Basilikum-Blättern garnieren.

Tipp: Die Auberginen werden noch zarter und knuspriger, wenn man sie vorher kräftig einsalzt und kurz Wasser ziehen lässt. Dann abwaschen und gut abtrocknen.

TOMATEN-GURKEN-SALAT
mit Pesto

Zutaten für 2 Portionen:

6 Tomaten

1/2 Salatgurke

5 EL Olivenöl

2 EL Balsamico

3 EL Pesto

Streuwürze

Zubereitung:

🌶 Tomaten in halbe Scheiben und die Gurken in Stifte schneiden.

🌶 In einer Schüssel mit Öl, Essig und Pesto vermischen.

🌶 Mit der Streuwürze abschmecken.

Serviertipp: Fein geschnittene Zwiebeln als Dekoration darüber streuen.

TOMATEN »TRICOLORE«
mit iBi und Pesto

Zutaten für 2 Portionen:

4 Tomaten
Pesto
iBi-naise (Mayonnaise ohne Ei)
Streuwürze

Zubereitung:

🍽 Tomaten von unten her in dünne Scheiben schneiden.

🍽 Die Scheiben so auf eine Platte oder einen Teller legen, dass sie einander nicht berühren.

🍽 Auf jede Scheibe mit einem Teelöffel ein wenig iBi-naise oder iBi Pur und Pesto geben.

🍽 Mit etwas Streuwürze bestreuen und mit Basilikum-Blättchen garnieren.

Serviertipp: Ciabatta oder Baguettebrot dazu reichen.

VITAL-BROTSALAT

Zutaten für 2 Portionen:

*250 g helles Brot oder Brötchen
(können auch gereift sein)*

250 g Tomaten

2 Lauchzwiebeln

1 Handvoll Petersilie

1 Handvoll entsteinte Oliven

1 EL Olivenöl zum Brotrösten

5 EL Olivenöl für die Salatsoße

Saft von ca. 1/2 Zitrone

Salz

Pfeffer

Zubereitung:

🌰 Das Brot in kleine Würfel (ca. 1 cm) schneiden.

🌰 Die Brotwürfel in einer Pfanne in wenig Olivenöl unter ständigem Wenden goldbraun rösten. Dann in eine Salatschüssel geben.

🌰 Die Tomaten klein schneiden und mit dem Saft dazugeben.

🌰 Die Oliven scheibeln, Lauchzwiebeln klein schneiden, Petersilie hacken und alles ebenfalls hinzufügen.

🌰 Mit Salz und Pfeffer abschmecken und mit dem Olivenöl und dem Zitronensaft gut vermischen. Kalt servieren.

Tipp: Oliven lassen sich mühelos entkernen, wenn man sie mit dem Messerrücken leicht zerdrückt. So kann man den Kern einfach herausnehmen.

www.vegane-volksküche.de

Haupt-speisen

Asiatische Gemüsepfanne
mit Kokosmilch

Zutaten für 2 Portionen:

200 g Shiitake-Pilze

1 Zwiebel

1 kleine Ingwerknolle

1 Knoblauchzehe

2 bunte Paprika

1 große Karotte

250 ml Kokosmilch

1 EL Thai-Currypaste

2 Portionen Glas-
oder Reisnudeln

Salz

Zubereitung:

🍃 Shiitake-Pilze der Länge nach in Scheiben schneiden, so dass sie die Pilzform behalten, und im Wok anbraten.

🍃 Die Zwiebel klein schneiden, den Ingwer und den Knoblauch in Scheibchen. Beides dazugeben. Alles gut wenden.

🍃 Karotte und Paprika in Stifte schneiden und unter Wenden mitbraten und salzen.

🍃 Kokosmilch und Thai-Currypaste dazugeben, erhitzen.

🍃 Glas- oder Reisnudeln nach Verpackungsanleitung in heißem Wasser einweichen oder kurz kochen und mit dem Gemüse vermischen.

Variante: Probieren Sie die asiatische Gemüsepfanne auch mit Zucchini und Auberginen (statt Karotte und Paprika) - der Ingwer schmeckt überraschend gut dazu! Oder ergänzen Sie mit Stangensellerie, in feine Scheibchen geschnitten.

Tipp: Shiitakepilze gut anbraten - so entfalten sie ihren vollen Geschmack und werden schön knusprig.

www.vegane-volksküche.de

BÄRLAUCHSPÄTZLE

mit Pilzsoße

Zutaten für 2 Portionen:

Spätzle:

1,5 Tassen Weißmehl

2 EL Maismehl

Wasser

1 Handvoll frische Bärlauchblätter

Salz

Pilzsoße:

250 g Kräuterseitlinge

Bratöl

250 ml Hafersahne

1/2 TL Thymian

Salz

Pfeffer

Zubereitung:

Spätzle:

🍲 Bärlauchblätter mit Wasser im Mixer fein pürieren und in eine Schüssel geben. Mit dem Weißmehl und dem Maismehl verrühren, leicht salzen und mit einem Schneebesen Wasser unterziehen, bis ein zähflüssiger, aber luftiger Teig entsteht. Ca. 10 Minuten ruhen lassen.

🍲 Dann die Masse nach und nach durch ein Spätzle-Sieb in einen Topf mit kochendem Salzwasser geben.

🍲 Wenn die Spätzle hochkommen, noch kurz garen lassen. Dann mit dem Schaumlöffel herausfischen und in einem Topf mit kaltem Wasser abschrecken.

Pilzsoße:

🍲 Die Seitlinge der Länge nach in Scheiben schneiden, so dass sie die Pilzform behalten. Öl in einer Pfanne erhitzen und die geschnittenen Seitlinge dazugeben. Einige Minuten unter Wenden braten. Hafersahne hinzufügen und mit Salz, Thymian und Pfeffer abschmecken. Einige Minuten köcheln lassen.

Variante: Statt frischem Bärlauch können Sie auch frischen Blattspinat, Petersilie oder Feldsalat verwenden.

www.vegane-volksküche.de

BRATKARTOFFELN

mit Burgunder-Bratensoße

Zutaten für 2 Portionen:

Bratkartoffeln:

500 g kalte Pellkartoffeln
(z.B. vom Vortag)

5 EL Pflanzenöl zum Braten

Salz

Burgunder-Bratensoße:

1 Zwiebel

3 Knoblauchzehen

4 TL Pflaumenmarmelade

2 Lorbeerblätter

1 TL Wachholderbeeren

5 EL Pflanzenöl zum Braten

100 ml Rotwein

300 ml Tomatensoße oder
frische, gehackte Tomaten

Streuwürze

Pfeffer

Zubereitung:

Bratkartoffeln:

🌀 Kartoffeln schälen und in Scheiben schneiden.
In einer Pfanne in Öl unter gelegentlichem Wenden goldbraun
braten. Zum Schluss mit Salz bestreuen.

Burgunder-Bratensoße:

🌀 Zwiebel schälen und in einer Pfanne in Öl zusammen mit der
Pflaumenmarmelade, den Lorbeerblättern und den Wacholder-
beeren dünsten.

🌀 Wenn die Marmelade beginnt, Krümel zu bilden, mit dem Rotwein
ablöschen und die Tomatensoße dazugeben.

🌀 Mit Streuwürze und Pfeffer abschmecken und leicht köcheln
lassen.

Tipp: Bratkartoffeln lassen sich am besten aus festkochenden
Pellkartoffeln vom Vortag zubereiten. Wichtig ist, dass die
Pfanne vor dem Braten gut heiß ist. Verwenden Sie entweder
eine beschichtete Pfanne oder, besser noch, eine Pfanne aus
Gusseisen.

www.vegane-volksküche.de

BROTKÜCHLEIN

Zutaten für 2 Portionen:

200 g (gereiftes) Brot

1 Zwiebel

2 Knoblauchzehen

5 EL Bratöl

1 Bund Schnittlauch

2 Rosmarin-Zweige

Streuwürze

Pfeffer

Olivenöl zum Braten

Wasser

Zubereitung:

🍽 Das Brot in kleine Stücke schneiden und in eine Schüssel geben.

🍽 Zwiebel schälen, klein schneiden und in einer Bratpfanne im Öl glasig werden lassen. Die Rosmarin-Zweige mitdünsten.
Den in Scheibchen geschnittenen Knoblauch dazugeben, mit Streuwürze abschmecken und mit einem Schuss Wasser kurz durchziehen lassen.

🍽 Die Rosmarin-Zweige aus der Pfanne nehmen und den ganzen Sud in die Schüssel zum Brot geben.

🍽 Alles zusammen mit den Händen zu einem Teig kneten, nach Bedarf etwas Wasser dazugeben. Den Schnittlauch klein schneiden und unterkneten, mit Salz und Pfeffer nachwürzen.

🍽 Mit angefeuchteten Händen kleine Küchlein formen und in einer Pfanne in Olivenöl beidseitig goldbraun braten.

Tipp: Je kleiner das Brot gewürfelt ist, desto schneller zieht die Brühe durch. Die Wassermenge richtet sich danach, wie trocken das Brot ist.
Die Streuwürze mit den Zwiebeln, dem Knoblauch und dem Rosmarin kurz mitköcheln lassen - dadurch entfaltet sich der wunderbare Geschmack und verteilt sich auch gut.

www.vegane-volksküche.de

ERFRISCHENDES TABOULEH

Zutaten für 2 Portionen:

1 Tasse Couscous

3 reife Tomaten

1/2 Salatgurke

4 Zitronen

3 Stängel Minze

2 x 1/2 TL Salz

2 EL Olivenöl

Zubereitung:

🌱 Das Couscous mit dem halben TL Salz, dem Saft der Zitronen und dem Olivenöl in einer Schüssel verrühren.

🌱 Gurke und Tomaten in Würfel schneiden und dazugeben und mit nochmals einem halben TL Salz einrühren, so dass das Couscous Wasser zieht.

🌱 Die Minzeblätter klein schneiden und untermischen.

🌱 Im Kühlschrank 2 Stunden kalt weiterziehen lassen.

Tipp:
Für dieses Tabouleh braucht man keinen Herd - alles wird kalt zubereitet!

Serviertipp:

Auf Salatblättern anrichten und mit frischen Zitronenscheiben garnieren.

www.vegane-volksküche.de

Estragon-Karotten
mit Kartoffelküchlein

Zutaten für 2 Portionen:

Gemüse:

300 g Karotten

1 Zwiebel

200 ml Hafersahne

1 TL Estragon

1 Schuss Weißwein

Olivenöl zum Braten

1 TL Gemüsebrühe

Salz und Pfeffer

Kartoffelküchlein:

2 große Portionen kaltes
   Kartoffelpüree

2 EL Semmelbrösel

2 EL Dinkel- oder Maisgrieß

1 EL Mehl

1 TL Bärlauch-Pesto

Streuwürze

Bratöl

Zubereitung:

Gemüse:

- Zwiebel klein schneiden und in einer Pfanne in Olivenöl dünsten.

- Karotten schälen und schräg in dünne Scheiben schneiden.
  Zu den Zwiebeln dazugeben und kurz mitbraten.

- Mit Gemüsebrühe und Estragon würzen und mit Weißwein ablöschen.
  Wenig Wasser dazugeben und zugedeckt garen.

- Gegen Schluss die Hafersahne unterziehen, nochmals aufkochen
  und mit Salz und Pfeffer abschmecken.

Kartoffelküchlein:

- Die Zutaten in einer Schüssel vermengen und durchkneten.
  Mit Streuwürze abschmecken.

- Mit feuchten Händen Kugeln aus dem Teig formen und flach drücken.
  In einer Pfanne in heißem Öl braten, bis eine feste, goldbraune
  Kruste entsteht. Erst dann wenden und die zweite Seite braten.

Tipp:
Für dieses Rezept können Sie auch sehr gut Kartoffelpüreereste
vom Vortag verwenden.

www.vegane-volksküche.de

FETTUCCINE

mit Karotte und Bärlauch

Zutaten für 2 Portionen:

250 g Fettuccine

1 Zwiebel

1 Karotte

1 kleine Lauchstange

5 EL Olivenöl zum Braten

50 ml Weißwein

150 ml Hafersahne

4 TL Bärlauch-Pesto

Streuwürze

Pfeffer

Zubereitung:

❧ Fettuccine in reichlich Salzwasser al dente kochen. In ein Sieb abgießen und kurz mit kaltem Wasser abschrecken.

❧ Während die Fettuccine kochen, die Zwiebel und den Lauch klein schneiden, die geschälte Karotte raspeln. Alles in einer Pfanne in Olivenöl dünsten, bis das Gemüse knackig gar ist.

❧ Mit Weißwein ablöschen. Die Hafersahne dazugeben, kurz köcheln lassen.

❧ Zum Schluss das Bärlauch Pesto unterrühren und mit Streuwürze und Pfeffer abschmecken.

❧ Die al dente gekochten Fettuccine dazugeben und alles gut vermischen. Heiß servieren, mit Nussigiano (Rezept Seite 114) bestreut genießen.

> **Tipp:** Bereiten Sie in der Bärlauchzeit Ihr Pesto selbst zu! Frischen Bärlauch klein schneiden und zusammen mit Walnüssen, Salz und Olivenöl im Mörser zerstampfen.

FRÜHLINGSMEDAILLONS
mit Spargel-Karotten-Gemüse

Zutaten für 2 Portionen:

Frühlingsmedaillons:

2 Portionen kaltes Karoffelpüree
   (z.B. Rest vom Vortag)

ca. 1 EL Hartweizengrieß

1 Handvoll frische Frühlingskräuter
   (z.B. Wildkräuter wie Spitzwegerich,
   Brennesseln, Bärlauch oder Rucola)

6 in Öl eingelegte, getrocknete
   Tomaten

Salz

Pfeffer

Bratöl

Spargel-Karotten-Gemüse:

1 große Karotte

8 Stangen grüner Spargel

1 EL Margarine

Salz

Pfeffer

ca. 50 ml Wasser

Zubereitung:

🍽 *Frühlingsmedaillons:* Frühlingskräuter und getrocknete Tomaten fein schneiden und zum kalten Kartoffelpüree dazugeben.

🍽 Vermischen und mit dem Grieß (Menge kann je nach Konsistenz des Kartoffelbreis variieren) zu einem festen Teig kneten. Mit Salz und Pfeffer gut würzen.

🍽 Die Masse mit den Händen zu kleinen Medaillons formen und beidseitig in einer Pfanne in heißem Öl goldbraun braten.

🍽 *Spargel-Karotten-Gemüse:* Karotte schälen, der Länge nach halbieren und dann schräg in schöne Streifen schneiden. Die grünen Spargelstangen unten schälen und ebenfalls schräg in Streifen schneiden.

🍽 Zusammen in einem Topf mit der Margarine und dem Wasser zugedeckt auf schwacher Flamme garen (ca. 10 - 15 Min.). Mit Salz und Pfeffer abschmecken.

Serviertipp:
Zusammen heiß servieren, mit Frühlingskräutern garnieren.

www.vegane-volksküche.de

FUSILLI BOLOGNESER ART
mit Sonnenblumenkernen

Zutaten für 2 Portionen:

250 g Fusilli (Spiralnudeln)

1 Zwiebel

1 Tasse Sonnenblumenkerne

4 Tomaten

1 TL Streuwürze

Salz

Pfeffer

2 TL Paprika edelsüß

2 TL Oregano

1 TL Basilikum

1 TL Thymian

Olivenöl

Zubereitung:

🦢 Sonnenblumenkerne schroten.

🦢 Die Fusilli in reichlich Salzwasser al dente kochen.

🦢 In der Zwischenzeit die Zwiebel schälen, schneiden und in einer Pfanne in etwas Öl kurz dünsten.

🦢 Die geschroteten Sonnenblumenkerne untermischen und mitrösten.

🦢 Dann die Tomaten in kleine Stücke schneiden und dazugeben. Mit Streuwürze, Salz, Pfeffer, Paprika und den Kräutern würzen.

🦢 Zugedeckt ca. 5 Minuten köcheln lassen.

Tipp: Die Sonnenblumenkerne grob zerkleinern, z.B. mit einem Universalmixer, mit dem man auch zerkleinern kann. Die Kerne dürfen nicht zu fein verhackt werden, sonst fehlt der Soße der angenehme Biss.

Serviervorschlag: Fusilli und Soße in der Pfanne miteinander mischen. Auf Teller anrichten und mit Nussigiano (Rezept siehe Seite 114) verfeinern.

www.vegane-volksküche.de

GEBRATENE ROTKRAUTSCHEIBEN
mit Karottengemüse und Kartoffelpüree

Zutaten für 2 Portionen:

Rotkraut:

1 kl. bis mittl. Rotkraut-Kopf
Salz, Nelken, frischer Ingwer
2 Knoblauchzehen, Bratöl

Karottengemüse:

2 Karotten, 1 Zwiebel
Streuwürze, Pfeffer
Olivenöl zum Braten

Kartoffelpüree:

1 Beutel Kartoffelflocken
50 g Margarine
1 gestrichener TL Salz

Süßsaure Soße:

300 ml Wasser
3 EL Zucker, 2 EL Essig
1 Knoblauchzehe
Salz, Chilipulver
1 TL Paprika edelsüß
ca. 1 EL Speisestärke (Menge nach
   Packungsanleitung für 300 ml Soße)

Zubereitung:

🍽 *Rotkraut:* Den Rotkraut-Kopf am Vortag in Salzwasser mit Nelken kochen und abkühlen lassen (kalt lässt er sich in exakte, feine Scheiben schneiden; warm zerfällt er leicht).
Rotkraut in fingerdicke Scheiben schneiden. Ingwer und Knoblauch schälen und klein schneiden. In einer Pfanne in Öl kurz dünsten. Dann die Rotkrautscheiben dazugeben und beidseitig anbraten. Immer wieder mal wenden.

🍽 *Karottengemüse:* Zwiebel klein schneiden. Die geschälten Karotten schräg in Scheiben schneiden. Alles in einer Pfanne in Olivenöl unter Wenden braten. Mit Streuwürze und Pfeffer abschmecken. Wenig Wasser dazugeben und das Gemüse zugedeckt garen lassen.

🍽 *Kartoffelpüree:* Wasser (Menge nach Packungsangabe) mit Salz erhitzen, die Margarine darin auflösen. Die Kartoffelflocken dazugeben und mit dem Wasser vermischen. Zum Schluss kurz mit einem Schneebesen sämig rühren.

🍽 *Süßsaure Soße:* Knoblauch klein schneiden. Wasser zusammen mit dem Zucker aufkochen. Essig, Salz, reichlich Chilipulver, Knoblauch und Paprika dazugeben und mit dem Schneebesen vermischen. Kurz köcheln lassen. Speisestärke in etwas kaltem Wasser anrühren, dann mit dem Schneebesen in die heiße Flüssigkeit einrühren. Unter Rühren kurz aufkochen lassen.

www.vegane-volksküche.de

GEFÜLLTE PFANNKUCHEN

Zutaten für 2 Portionen:

Für 4 kleine Pfannkuchen:

5 EL Weizenmehl

5 EL Maismehl

Sprudelwasser

Salz

Bratöl

Füllung mit Tomaten und Dip:

2 TL Pesto

1 kleines Glas Paprika-Aufstrich
   (z.B. iBi-Hot)

2 Tomaten

Salatblätter

Füllung mit Shiitake-Pilzen:

200 g Shiitake-Pilze

1 Zwiebel

Salz

Pfeffer

1 Schuss Weißwein

Bratöl

Zubereitung:

Pfannkuchen: Mit einem Schneebesen Mehl, Maismehl und Salz in einer Schüssel mit Sprudelwasser zu einem glatten Teig verrühren, der nicht mehr klumpt. Öl in einer Pfanne erhitzen und den Teig portionsweise von beiden Seiten zu goldgelben, dünnen Pfannkuchen backen.

Füllung mit Tomaten und Dip: iBi-Hot und Pesto in einer kleinen Schüssel vermischen. Tomaten in Scheiben schneiden. Die Pfannkuchen mit Dip bestreichen. Darauf zur Hälfte Tomatenscheiben und etwas Salat legen, umklappen.

Füllung mit Shiitake-Pilzen: Zwiebel klein schneiden, Shiitake-Pilze der Länge nach halbieren. Beides in einer Pfanne in etwas Öl unter Wenden braten. Mit Salz und Pfeffer würzen. Mit einem Schuss Weißwein ablöschen. Die Pfannkuchen damit füllen.

Tipp: Lassen Sie den Pfannkuchenteig eine halbe Stunde ruhen, bevor Sie ihn ausbacken. So wird der Teig viel geschmeidiger.

Serviervorschlag: Backen Sie für jede Portion zwei kleine Pfannkuchen, die Sie unterschiedlich füllen.

www.vegane-volksküche.de

GEMÜSE-TORTILLA

Zutaten für 2 Portionen:

Gemüse:

2 Kartoffeln

1 Zwiebel

2 bunte Paprika

Olivenöl zum Braten

Salz und Pfeffer

Für den Teig:

5 EL Weißmehl

2 EL Maismehl

2 EL Sonnenblumenöl

Sprudelwasser

Streuwürze

Zubereitung:

🍽 Zwiebel, Paprika und Kartoffeln in kleine Würfel schneiden und in einer Pfanne in Olivenöl anbraten. Mit Salz und Pfeffer abschmecken.

🍽 In einer Schüssel Weißmehl und Maismehl mit Sprudelwasser und Sonnenblumenöl zu einem dickflüssigen Teig verrühren. Mit Streuwürze abschmecken. Die gebratenen Kartoffel-, Zwiebel- und Paprikawürfel untermischen.

🍽 Öl in der Pfanne erhitzen. Die halbe Masse dazugeben, gleichmäßig verteilen und zu einem Pfannkuchen formen. Goldbraun auf mittlerer Temperatur anbraten lassen. Mit einem flachen Teller wenden und auf der anderen Seite anbraten.

🍽 Mit der zweiten Teighälfte ebenso verfahren.

Serviertipp: Heiß servieren mit einem gemischten Salat.

HERZHAFTER BOHNEN-BIRNEN-EINTOPF

Zutaten für 2 Portionen:

250 g grüne, breite Bohnen

2 Birnen

4 mittlere Kartoffeln

Bohnenkraut

1 Zwiebel

2 geräucherte vegetarische
   Bratwürste

Salz

Pfeffer

Bratöl

gehackte Petersilie

Zubereitung:

❧ Bohnen putzen und waschen und in ca. 5 cm lange Stücke schneiden. Kartoffeln und Birnen schälen und in Würfel schneiden.

❧ In einer Pfanne etwas Öl erhitzen. Die Bohnen darin kurz dünsten und salzen. Dann die Kartoffeln, die Birnen und das Bohnenkraut dazugeben, mit Wasser aufgießen, bis alles leicht bedeckt ist. Nach Bedarf das Wasser nachsalzen. Zugedeckt garen lassen (ca. 15 Min.).

❧ Inzwischen die vegetarischen Würstchen in kleine Würfel schneiden (wie Speckwürfel). Die Zwiebel ebenfalls fein schneiden und in einer Pfanne in Öl zusammen mit den Wurst-Würfelchen unter gelegentlichem Wenden braten.

Tipp: Die vegetarischen Wurst-Würfelchen gut anbraten - so werden sie schön knusprig!

Serviervorschlag: Den Bohnen-Birnen-Eintopf auf Teller anrichten und mit den vegetarischen Wurststückchen und der geschnittenen Petersilie verfeinern.

www.vegane-volksküche.de

HIMMEL UND ERDE

Zutaten für 2 Portionen:

**Kartoffelpfanne
„Himmel und Erde":**

ca. 4 Kartoffeln
2 kleine Äpfel
1 Zwiebel
5 EL Bratöl
2 TL Majoran
Salz, Pfeffer

Navet-Rotkraut-Salat:

1-2 Navets
1 Stück Rotkraut
3 EL Öl
2 EL Essig
Salz, Pfeffer

Karottensalat:

2 Karotten
Saft von ca. 1/2 Zitrone
2 EL Olivenöl
Salz

Zubereitung:

🍽 *Kartoffelpfanne:* Kartoffeln schälen und mit einem Hobel in hauchdünne Scheiben (wie Chips) schneiden. Zwiebel schälen und hacken. Äpfel in Schnitze schneiden.

🍽 Öl in einer Pfanne erhitzen. Die Kartoffelscheibchen dazugeben und 2 Minuten braten. Dann die Zwiebelstückchen untermischen und mitbraten. Mit Salz und Majoran abschmecken.

🍽 Zum Schluss die Apfelstückchen dazugeben und nochmals ca. vier Minuten mitbraten. Mit Pfeffer verfeinern.

🍽 *Navet-Rotkraut-Salat:* Navets schälen und in feine Stifte hobeln. Rotkraut ebenfalls fein hobeln. In einer Schüssel mit Öl und Essig mischen und mit Salz und Pfeffer abschmecken.

🍽 *Karottensalat:* Karotten schälen und in feine Stifte hobeln. In einer Schüssel mit dem Zitronensaft und dem Öl mischen. Mit Salz und Pfeffer abschmecken.

Serviertipp:
Kartoffelpfanne zusammen mit den Rohkostsalaten servieren.
Mit Schnittlauch verfeinern.

www.vegane-volksküche.de

Kartoffelgulasch
mit Polenta

Zutaten für 2 Portionen:

Kartoffelgulasch:

400 g Kartoffeln

1 große Zwiebel

1 rote Paprika

5 EL Bratöl

1 EL Mehl

3 EL Paprika edelsüß

Streuwürze

Salz

Pfeffer

Chilipulver

Polenta:

1 Tasse Maisgrieß

ca. 3 Tassen Wasser

40 g Margarine

ca. 1 gestrichener TL Salz

Zubereitung:

- *Kartoffelgulasch:* Kartoffeln schälen und in mundgerechte Würfel schneiden. Paprika halbieren, die Kerne entfernen und ebenfalls in Würfel schneiden. Zwiebel schälen, grob schneiden und in einem Topf in Öl glasig dünsten. Dann die Kartoffelwürfel und die Paprikastücke dazugeben und kurz mitbraten.

- Alles mit dem Mehl und dem Paprika edelsüß vermischen. Wasser aufgießen, bis das Gemüse bedeckt ist. Mit Streuwürze, Salz und etwas Chilipulver abschmecken. Zugedeckt garen, immer wieder mal umrühren.

- *Polenta:* Wasser mit Salz und Margarine aufkochen. Den Topf vom Herd nehmen. Maisgrieß langsam einstreuen und mit einem Schneebesen verrühren. Wieder auf den Herd setzen und mit einem Holzlöffel ständig rühren. Nach wenigen Minuten wird der Brei dick. Sollte die Polenta zu dick werden, nochmals etwas Wasser nachgießen und weiter rühren.

Tipp: Achten Sie bei der Polentazubereitung auf die Packungsanweisung. Die Garzeiten reichen von 10 Min. bis 40 Min.

Variante: Servieren Sie statt Polenta helles Brot dazu.

KARTOFFELPUFFER
mit Bohnen- und Krautsalat

Zutaten für 2 Portionen:

Kartoffelpuffer:

ca. 4 Kartoffeln

1/2 Zwiebel

1 EL Weißmehl

Bratöl

Salz, Pfeffer

Krautsalat:

1 Stück Weißkraut

4 EL Olivenöl

Saft von ca. 1/2 Zitrone

Salz, Pfeffer

Kidney-Bohnen-Salat:

1 Tasse gekochte Kidney-Bohnen

1/2 gelbe Paprika

100 g Cocktailtomaten

1/2 Zwiebel

4 EL Olivenöl

2 EL Balsamico

Salz, Pfeffer

Zubereitung:

🍽 *Kartoffelpuffer:* Kartoffeln schälen und fein auf einen Teller reiben. Einige Minuten stehen lassen, bis sich Wasser bildet. Wasser abschütten. Die geriebenen Kartoffeln in einer Schüssel mit dem Mehl verrühren. Zwiebeln dazugeben und mit Salz und Pfeffer abschmecken. In einer Bratpfanne flache Küchlein braten, bis sie goldbraun sind, dann wenden.

🍽 *Krautsalat:* Weißkraut fein hobeln. In einer Schüssel mit dem Öl und dem Zitronensaft mischen, mit Salz und Pfeffer abschmecken.

🍽 *Kidney-Bohnen-Salat:* Zwiebel fein schneiden. Cocktailtomaten halbieren oder vierteln (je nach Größe). Paprika in Würfel schneiden. Alles zusammen mit den Bohnen in eine Schüssel geben. Mit Öl und Essig vermischen und mit Salz und Pfeffer abschmecken.

Serviertipp: Zusammen servieren, mit Petersilie verfeinern.

Tipp: Wer keinen feinen Hobel hat, kann für den Krautsalat auch einen Sparschäler verwenden. So wird er schön fein.

www.vegane-volksküche.de

KRAUT-ERDNUSS-PFANNE

Zutaten für 2 Portionen:

Krautpfanne:

200 g Weißkraut

1 große Zwiebel

1 Stück Ingwer

2 Karotten

1 Tasse gefrorene Erbsen

5 EL Bratöl

Streuwürze

Salz, Pfeffer

Erdnuss-Soße:

1 Zwiebel

1 Knoblauchzehe

300 ml Tomatensoße

1 Glas Wasser

3 EL Erdnussmus

4 EL Bratöl

Streuwürze

Chilipulver

Pfeffer

Zubereitung:

Krautpfanne:

- Das Weißkraut in Streifen schneiden. Den Ingwer schälen und klein schneiden. Zusammen in einer Pfanne in Öl anbraten.

- Die Zwiebeln schälen, in Ringe schneiden und mitbraten. Karotten schälen, in Stäbchen schneiden und ebenfalls dazugeben.

- Mit Streuwürze, Salz und Pfeffer abschmecken und zugedeckt garen.

- Nach ca. 5 Minuten die gefrorenen Erbsen unterziehen. Alles mit einem Schuss Wasser zugedeckt noch ca. 5 Minuten garen.

Erdnuss-Soße:

- Zwiebel und Knoblauch klein schneiden und in einem Topf in Öl glasig dünsten. Tomatensoße und Wasser dazugeben und erhitzen.

- Das Erdnussmus gut unterrühren, bis es sich ganz aufgelöst hat. Mit Streuwürze, Pfeffer und Chilipulver abschmecken.

Serviertipp: Dazu passt Reis. Man kann auch gekochten Reis, z.B. vom Vortag, unter das Pfannengericht mischen. Mit der Soße servieren, mit Petersilie dekorieren.

MANGOLD-RÖLLCHEN
mit Ketchup-Soße

Zutaten für 2 Portionen:

Mangoldröllchen:

6 Mangoldblätter

1 Tasse gekochter Reis
  (z.B. vom Vortag)

1 Zwiebel

2 Knoblauchzehen

1 Handvoll Erbsen (gefroren)

1 Handvoll Kidney-Bohnen
  aus der Dose

4 EL Bratöl

Salz, Pfeffer

Ketchupsoße:

100 ml Curry-Ketchup

200 ml heißes Wasser

2 EL Olivenöl

Salz, Pfeffer

Zubereitung:

🍽 *Ketchup-Soße:* Ketchup, heißes Wasser und Öl in einem Gefäß mischen, mit Salz und Pfeffer abschmecken.

🍽 *Mangold-Röllchen:* Zwiebel und Knoblauch schälen, klein schneiden und in einer Pfanne in Olivenöl glasig dünsten. Die Erbsen und Kidneybohnen dazugeben und kurz mitdünsten. Dann den Reis untermischen und alles gut anwärmen. Vom Herd nehmen.

🍽 Die Mangoldblätter (ohne Stiel) waschen, in eine Schüssel geben und mit heißem Wasser aus dem Wasserkocher bedecken und ziehen lassen.

🍽 Dann Blatt für Blatt herausnehmen und geöffnet auf einen Teller legen. Die Reisfüllung jeweils in die Mitte des Mangoldblattes setzen, zusammenfalten und gut einrollen.

🍽 Schließlich die Röllchen in einer Pfanne in wenig Olivenöl anbraten. Die Ketchup-Soße dazugeben und die Mangold-Röllchen zugedeckt in der Soße garen lassen (ca. 5 Minuten).

Variante: Falls Sie kein Ketchup zur Hand haben, servieren Sie die Mangold-Röllchen mit einer herzhaft gewürzten Tomatensoße.

www.vegane-volksküche.de

Patisson-Schnitzel
mit Zitronen-Kapernsoße und Rosmarin-Reis

Zutaten für 2 Portionen:

Patisson-Schnitzel:

1 Patisson-Kürbis

Bratöl, Mehl

Salz

Rosmarin-Reis:

1 Tasse Basmati-Reis (oder vor-
  gekochter Reis, z.B. vom Vortag)

1 Zweig frischer Rosmarin oder
  1/2 TL getrocknete Rosmarinnadeln

1 Knoblauchzehe

1 EL Margarine

Salz

Kapernsoße:

1/2 kleines Glas Kapern

1 kleine Zwiebel

200 ml Hafersahne

3 Spritzer Zitronensaft

Schale von einer halben
  unbehandelten Zitrone

1 EL Margarine

Salz, Pfeffer

Zubereitung:

- *Rosmarin-Reis:* 1 Tasse Basmati-Reis mit 2 Tassen Wasser in einem Topf zum Kochen bringen. Salzen, zugedeckt auf kleiner Flamme garen.

- Margarine in einer Pfanne schmelzen. Rosmarin und die mit dem Messerrücken zerdrückte Knoblauchzehe dazugeben und kurz dünsten.

- Dann den gekochten Reis (oder Reis vom Vortag) hinzufügen, alles gut vermischen und erhitzen. Mit Salz und Pfeffer abschmecken.

- *Patisson-Schnitzel:* Patisson ungeschält in fingerdicke Scheiben schneiden. Eventuelle harte Stellen entfernen. Salzen und kurz warten, bis sie Wasser ziehen. In Mehl wenden.
  In einer Pfanne in Öl beidseitig goldbraun braten (ca. 6 Minuten).

- *Zitronen-Kapernsoße:* Fein gehackte Zwiebeln in Margarine glasig dünsten. Kapern und geriebene Zitronenschale kurz mitdünsten und mit Hafersahne ablöschen. Kurz köcheln lassen und mit Salz, Pfeffer und etwas frischem Zitronensaft abschmecken.

Serviertipp: Zusammen servieren, mit Petersilie verfeinern.

PEPERONATA
mit Polenta und Brotsoße

Zutaten für 2 Portionen:

Peperonata:

je 1 kleine rote, gelbe, orange
  und grüne Paprika
1 kleine Zucchini
1 Zwiebel
2 Tomaten
Streuwürze
Salz, Pfeffer

Polentaschnitten:

1 Tasse Maisgrieß
ca. 3 Tassen Wasser
40 g Margarine
ca. 1 gestrichener TL Salz
Bratöl

Brotsoße:

100 g altes Brot
1 Zwiebel
50 ml Weißwein
100 ml Wasser
100 ml Hafersahne
40 g Margarine
4 EL Olivenöl
Streuwürze
Pfeffer

Zubereitung:

🍲 **Peperonata:** Paprika ausnehmen und in lange Streifen schneiden. Zucchini in Scheiben schneiden. Zwiebel schälen und grob schneiden. Alles in einer Pfanne in Öl anbraten, immer mal wieder wenden. Mit Streuwürze, Salz, Pfeffer und Chili nach Belieben würzen. Etwas Wasser und die in Scheiben geschnittenen Tomaten dazugeben und zugedeckt garen lassen.

🍲 **Polentaschnitten:** Polentabrei kochen, glatt streichen und erkalten lassen. Dann stürzen und in Scheiben schneiden. Die Polentaschnitten in einer Pfanne in Öl beidseitig braten, bis eine schöne Kruste entsteht.

🍲 **Brotsoße:** Brot ohne Kruste in kleine Würfel schneiden. Zwiebel schälen, fein schneiden und in einem Topf in etwas Olivenöl glasig dünsten. Das Brot dazugeben und kurz mitdünsten. Mit dem Weißwein ablöschen. Wasser, Margarine und Hafersahne dazufügen. Mit Streuwürze und reichlich Pfeffer abschmecken. Kurz köcheln lassen, dann mit dem Stabmixer pürieren.

Tipp: Die Polentascheiben mit dem Gemüse und der Brotsoße auf Tellern anrichten und sofort heiß servieren.

www.vegane-volksküche.de

Pikante Sauerkrautpfanne
- Vegetarisches „Szegediner Gulasch"

Zutaten für 2 Portionen:

250 g Sauerkraut

1 Zwiebel

1 rote Paprika

2 geräucherte vegetarische Würstchen

5 EL Bratöl

150 ml Hafersahne

2 TL Zucker

2 TL Paprika edelsüß

Salz

Chilipulver

Zubereitung:

- In einer Pfanne das gut abgetropfte Sauerkraut in etwas Öl braten.

- Mit Zucker verfeinern und mit Paprika edelsüß dem Sauerkraut eine schöne Farbe geben.

- Zwiebel und Paprika klein schneiden. Vegetarische Würstchen in Scheiben schneiden.

- Alles zusammen in einer anderen Pfanne in Öl braten. Die Hafersahne hinzufügen und das gut angebratene Sauerkraut daruntermischen.

- Gut erhitzen. Mit Salz abschmecken und mit reichlich Chilipulver eine angenehme Schärfe geben.

Serviertipp: Mit Toastbrot oder mit Kartoffeln (Salzkartoffeln oder Bratkartoffeln) oder mit Kartoffelbrei servieren. Mit Petersilie dekorieren.

www.vegane-volksküche.de

RADIESCHEN-GEMÜSE
mit Reis-Röllchen und gebratenen Pilzen

Zutaten für 2 Portionen:

Reis-Röllchen:

1 große Tasse gekochten Reis
   (z.B. vom Vortag)
2 EL Weizen- oder Dinkelmehl
1 EL Maismehl
ca. 6 EL Hafersahne
1 Lauchzwiebel
1/2 Bund Petersilie
Streuwürze
Salz, Pfeffer
Getrocknete Kräuter: Oregano,
   Thymian, Basilikum

Radieschen-Gemüse:

1 Bund Radieschen
100 ml Hafersahne
1/2 Bund Petersilie
4 EL Bratöl
Streuwürze
2 TL Zitronensaft
Salz, Pfeffer

Gebratene Pilze:

150 g Kräuterseitlinge
   (oder Shiitake-Pilze)
Bratöl, Kräutersalz, Pfeffer

Zubereitung:

Reisröllchen: Mehl und Maismehl in einer Schüssel mit der Hafersahne zu einem Teig aufrühren. Lauchzwiebel und Petersilie klein schneiden und dazugeben. Mit dem Reis vermischen und mit Streuwürze, Salz, Pfeffer und den getrockneten Kräutern abschmecken.
Öl in einer Pfanne erhitzen. Aus der Reismasse mit 2 Esslöffeln oder mit den Händen kleine Röllchen formen und im Öl beidseitig goldbraun braten.

Radieschen-Gemüse: Die Radieschen waschen und in kleine Stücke schneiden. In einer Pfanne ca. 5 Minuten in etwas Öl dünsten, anschließend mit dem Zitronensaft beträufeln.
Zugedeckt auf kleiner Flamme garen. Dann mit Salz und Pfeffer abschmecken und mit fein gehackter Petersilie und Hafersahne verfeinern. Nochmals kurz köcheln lassen.

Gebratene Pilze: Die Pilze der Länge nach in dünne Scheiben schneiden, so dass die Pilzform sichtbar bleibt.
In einer Pfanne in Öl einige Minuten unter Wenden braten. Mit Kräutersalz und Pfeffer würzen. Mit Salz und Pfeffer abschmecken.

Serviertipp:
Zusammen heiß auf Teller portionieren, mit Zitronenscheiben und Petersilie garnieren.

www.vegane-volksküche.de

REIS-PILAW

und andere orientalische Spezialitäten

Zutaten für 2 Portionen:

Reis Pilaw:

1 kleine Tasse Basmati-Reis
2 Handvoll gefrorene Erbsen
2 EL feine Suppennudeln
50 g Margarine
Salz
2 kleine Tassen Wasser

Gebratene Zucchinischeibchen:

1 Zucchini
5 EL Bratöl
Salz, Pfeffer

Orientalische Kartoffeln:

4 mittelgroße Kartoffeln
Saft von 1/2 Zitrone
1 Knoblauchzehe
Salz, Chilipulver
1 TL Kreuzkümmel

Hummus (orientalischer Kichererbsenbrei):

1/2 Glas Kichererbsen (fix fertig)
1 EL Tahin (Sesammus)
1 Knoblauchzehe (grob geschnitten)
Saft von 1/2 Zitrone
1 TL Paprikapulver edelsüß
1 TL Kreuzkümmel
Salz, 1-2 Messerspitzen Chilipulver

Zubereitung:

🍃 *Reis Pilaw:* In einer Schüssel die Tasse Reis mit Wasser einweichen und nach ca. 1 Stunde auswaschen. Dann die Margarine in einer Pfanne erhitzen und die Suppennudeln darin unter ständigem Rühren braten, bis sie leicht bräunen. Den eingeweichten Reis und die gefrorenen Erbsen dazugeben. Mit 2 Tassen kochendem Wasser aufgießen, mit Salz abschmecken und zugedeckt ca. 12 Minuten garen.

🍃 *Gebratene Zucchinischeibchen:* Die Zucchini in dünne Scheiben (ca. 4 mm) schneiden und in einer Pfanne in Öl beidseitig goldbraun braten. Mit etwas Salz und Pfeffer würzen.

🍃 *Orientalische Kartoffeln:* Knoblauch zerdrücken oder fein schneiden. Die Kartoffeln schälen, in kleine Würfel schneiden und in einer Pfanne in Öl rundum goldbraun braten. Wenn die Kartoffeln fast fertig sind, den Knoblauch dazugeben, salzen und mit Kreuzkümmel und Chilipulver verfeinern. Zum Schluss den Zitronensaft darüber träufeln.

🍃 *Hummus (orientalischer Kichererbsenbrei):* Kichererbsen, Tahin, Knoblauch, Zitronensaft, Salz und die Gewürze mischen. Etwas Wasser dazugeben und fein pürieren.

Serviervorschlag: Die Speisen miteinander und mit etwas Soja-Joghurt servieren. Mit Zitronenscheiben und Petersilie oder frischer Pfefferminze garnieren.

REISPFANNE

mit Früchten und Nüssen

Zutaten für 2 Portionen:

200 g gekochter Basmati-Reis
(evtl. vom Vortag)

1 Apfel

1 Birne

1 Banane

5 EL Pflanzenöl

100 g Studentenfutter

100 ml Weißwein

3 EL Brotaufstrich
(z.B. iBi-Simba)

200 ml Wasser

2 TL Currypulver

Streuwürze

2 TL Zucker

Zubereitung:

- Den Reis nach Packungsanleitung in einem Topf in Salzwasser kochen.

- In der Zwischenzeit Apfel und Birne mit der Schale in Stücke (ca. 1 cm) schneiden; das Kerngehäuse entfernen.

- Öl in einer Pfanne erhitzen und die Obststücke darin unter Wenden braten. Zum Schluss die in Scheiben (ca. 5 mm) geschnittene Banane untermischen. Mit dem Weißwein ablöschen.

- Brotaufstrich (z.B. iBi-Simba), Currypulver, Zucker und das Wasser dazugeben. Mit Streuwürze abschmecken. Alles verrühren, bis die Flüssigkeit cremig ist.

- Den gekochten Reis vorsichtig untermischen und mit dem gehackten Studentenfutter verfeinern.

Serviertipp: Äpfel mit roter Schale in Spalten schneiden und Teller damit dekorieren.

www.vegane-volksküche.de

RISOTTO PRIMAVERA
mit Zucchinischnitzel und Kaperndressing

Zutaten für 2 Portionen:

Risotto Primavera:

1 Tasse (200 ml) Basmati-Reis
2 Tassen Wasser
1 Zwiebel
1 Karotte
1 kleine rote Paprika
4 EL Bratöl
Streuwürze
Salz, Pfeffer

Paniertе Zucchinischnitzel:

1 Zucchini
2 EL Weizenmehl
Wasser
Paniermehl
Salz
Bratöl

Kaperndressing:

2 EL Kapern
3 EL iBi-naise
3 EL iBi-Hot

Zubereitung:

❧ *Risotto Primavera:* Karotte schälen und in dünne Scheibchen oder Stifte schneiden, Paprika putzen und in Würfel schneiden.
Zwiebel schälen, klein schneiden und in einem Topf in Öl glasig dünsten. Die Karotten- und Paprikastücke dazugeben und unter Rühren mitdünsten.
Schließlich den Reis untermischen und mit dem Wasser ablöschen. Mit Streuwürze, Salz und Pfeffer abschmecken und zugedeckt garen lassen.

❧ *Panierte Zucchinischnitzel:* Das Weizenmehl in einer kleinen Schüssel mit Wasser vermischen, bis ein zähflüssiger Teig entsteht. Gut salzen. Paniermehl in einen Suppenteller geben.
Die Zucchini schräg in fingerdicke Scheiben schneiden.
Die Scheiben jeweils zuerst im Mehlteig wenden und dann gleich im Paniermehl. In heißem Öl in einer Pfanne beidseitig goldbraun braten.

❧ *Kaperndressing:* Alle Zutaten in einer kleinen Schüssel verrühren.

Serviertipp:
Risotto, Zucchinischnitzel und Kaperndressing zusammen servieren, mit fein gehackter Petersilie garnieren.

www.vegane-volksküche.de

RISOTTO MIT SHIITAKE-PILZEN
und Nussigiano

Zutaten für 2 Portionen:

Risotto:

250 g Risotto-Reis

600 ml Gemüsebrühe

200 g Shiitake-Pilze

1 Zwiebel

1 Kartoffel

1 Knoblauchzehe

100 ml Weißwein

100 ml Hafersahne

5 EL Olivenöl zum Anbraten

Salz

Pfeffer

Nussigiano:

100 g Cashewnüsse

4 TL Hefeflocken

1/2 TL Salz

Zubereitung:

🍽 *Risotto:* Zwiebel und Knoblauch klein schneiden, die Pilze in Scheiben schneiden. Die Kartoffel schälen und in kleine Würfel schneiden.

🍽 Alle Zutaten in einem Topf in Olivenöl andünsten, mit Salz und Pfeffer würzen. Den Reis dazugeben und vermischen, kurz anrösten. So nimmt der Reis den Geschmack der anderen Zutaten auf.

🍽 Mit Weißwein ablöschen. Unter häufigem Rühren nach und nach die Gemüsebrühe angießen. Immer erst Brühe nachgießen, wenn der Reis sie gut aufgesaugt hat; dabei immer wieder rühren. So lange auf kleiner Hitze köcheln lassen, bis der Reis die gewünschte Konsistenz hat. Nach Bedarf Wasser nachgießen. Der Risotto sollte nicht zu trocken sein.

🍽 Zum Schluss die Hafersahne und nach Belieben etwas Olivenöl untermischen und mit Salz und Pfeffer abschmecken.

🍽 *Nussigiano:* Alle Zutaten im Standmixer zerkleinern und vermischen. Den Risotto damit bestreuen.

Tipps: Durch das Rühren erhält das Risotto seine cremige Konsistenz.
Der Nussigiano lässt sich sehr gut auf Vorrat zubereiten und in einem geschlossenen Schraubglas im Kühlschrank aufbewahren.

www.vegane-volksküche.de

Rösti mit Shiitake-Pilzen

Zutaten für 2 Portionen:

Rösti:

500 g Pellkartoffeln (vom Vortag)

1 kleine Zwiebel

Öl

Salz

Shiitake-Pilze:

200 g Shiitake-Pilze

1 rote Paprika

2 EL Öl

1 kleine Zwiebel

200 ml Hafersahne

Zubereitung:

🌱 *Rösti:* Die gekochten (kalten) Kartoffeln pellen und grob raspeln.

🌱 Zwiebel klein schneiden und in einer Pfanne in Öl glasig dünsten. Die Kartoffelraspeln dazugeben und auf mittlerer Hitze rösten, mit Salz würzen. Immer wieder mal durcheinandermischen. Darauf achten, dass die Kartoffeln genügend Öl haben.

🌱 Gegen Schluss die Kartoffeln in der Pfanne leicht andrücken und um den Rand herum schön abgrenzen. Wenn sich eine hellbraune Kruste gebildet hat, die Rösti mit Hilfe eines Tellers wenden und auch auf der anderen Seite anbraten.

🌱 *Shiitake-Pilze:* Shiitake-Pilze in Scheiben schneiden und in einer Pfanne in heißem Öl anbraten. Zwiebel hacken und Paprika in Würfel schneiden. Mit den Pilzen vermischen und zugedeckt garen. Zum Schluss die Hafersahne unterziehen, mit Salz und Pfeffer abschmecken und nochmals kurz köcheln lassen.

Serviertipp: Rösti und Pilze zusammen servieren und mit Salatblättern und fein geschnittenen Frühlingszwiebeln, Schnittlauch oder gehackter Petersilie garnieren.

www.vegane-volksküche.de

SAUERKRAUT MIT SCHUPFNUDELN

Zutaten für 2 Portionen:

Schupfnudeln:

250 g Schupfnudeln

50g Margarine

oder für selbstgemachte Schupfnudeln:

300 g Kartoffeln

3-4 EL Mehl

Salz, Pfeffer

Sauerkraut:

200 g Sauerkraut

1 Apfel

1 kleine Zwiebel

1 kleine rote Paprika

2 geräucherte vegetarische Würstchen

1 Schuss Weißwein

5 EL Olivenöl

Salz, Pfeffer

Zubereitung:

🍲 *Schupfnudeln - fix-fertig:* Margarine in einer Pfanne schmelzen lassen. Die Schupfnudeln dazugeben und rundum knusprig braten.

🍲 *Schupfnudeln - selbstgemacht:* Kartoffeln mit der Schale kochen. Noch heiß schälen und gleich durch die Kartoffelpresse drücken. Mit Salz und Pfeffer würzen und mit dem Mehl zusammen zu einem Teig kneten. Den Teig auf reichlich Mehl zu einer ca. 2 cm dicken Rolle formen und quer in ca. 1 cm dicke Scheiben teilen. Die Röllchen mit den Händen zu Schupfnudeln formen und portionsweise in reichlich kochendes Salzwasser geben. Bei Mittelhitze garen, bis sie an die Oberfläche steigen. Mit einem Schaumlöffel herausnehmen.
Margarine in einer Pfanne schmelzen lassen, die Schupfnudeln dazugeben und rundum knusprig braten.

🍲 *Sauerkraut:* Zwiebel schälen und in Streifen schneiden. Apfel entkernen und in Schnitze, Paprika in kleine Stifte und die Würstchen in Scheiben schneiden. Öl in einer Pfanne erhitzen. Zwiebel, Paprikastifte, Apfelwürfel und vegetarische Wurstscheibchen darin kurz braten. Dann das gut abgetropfte Sauerkraut daruntermischen und mit einem Schuss Weißwein verfeinern. Mit Salz und Pfeffer abschmecken. Gut erhitzen.

Variante: Statt Weißwein kann man auch Apfelsaft verwenden.

SCHMORGURKEN

Zutaten für 2 Portionen:

1 Salatgurke

1 Zwiebel

2 größere Tomaten

200 g vegetarisches Hack
   (aus Weizenfleisch)

100 ml Hafersahne

4 EL Bratöl

Streuwürze

Salz

Pfeffer

Oregano

Thymian

Rosmarin

Zubereitung:

- Gurke der Länge nach halbieren und die Kerne mit einem Löffel herauskratzen. Dann die Gurke in fingerdicke Halbmonde schneiden.

- Zwiebel schälen, klein schneiden und in einer Pfanne zusammen mit den Gurkenstücken in Öl dünsten. Die Tomaten achteln und mit dem Hack dazugeben.

- Mit Streuwürze, Salz, Pfeffer und reichlich Oregano, Thymian und Rosmarin würzen. Schließlich noch die Hafersahne unterziehen und das Gemüse zugedeckt auf schwacher Flamme garen, bis die Gurken angenehm weich sind.

Serviervorschlag:
Mit getoastetem Brot servieren. Die Schmorgurken passen auch hervorragend zu Reis, Kartoffeln oder Nudeln.

www.vegane-volksküche.de

SONNENBLUMENKLÖßCHEN
mit Rösti und Tomatengemüse

Zutaten für 2 Portionen:

Klöße:

80 g gemahlene Sonnenblumenkerne
50 g Semmelbrösel
50 g Dinkelschrot
1 mittelgroße Karotte
1 kleine Zwiebel
1 Bund Schnittlauch (oder Bärlauch
   im Frühling)
ca.1/2 Tasse Wasser
1 EL Streuwürze
Salz, Pfeffer

Rösti:

400 g Pellkartoffeln (vom Vortag)
1 kleine Zwiebel
Öl oder Margarine
Salz

Tomaten-Gemüse:

4 Tomaten
1 Zwiebel
1 Handvoll frische Kräuter (z.B.
Petersilie, Bärlauch, Schnittlauch ...)
4 EL Olivenöl
Salz, Pfeffer

Zubereitung:

Klöße aus Sonnenblumenkernen: Die Karotte raspeln, Zwiebel fein schneiden. Zusammen mit den anderen Zutaten in einer Schüssel mit den Händen vermischen und zu einem gut formbaren Teig kneten. Mit Streuwürze, Salz und Pfeffer abschmecken. 30 Minuten kühl stellen. Dann mit den angefeuchteten Händen kleine runde Klöße formen. In einem Topf in heißem, aber nicht kochendem Salzwasser garen (ca. 10 Minuten).

Rösti: Die kalten, gekochten Kartoffeln pellen und grob raspeln. Zwiebel klein schneiden und in einer Pfanne in Öl oder Margarine kurz glasig dünsten. Die Kartoffelraspeln dazugeben und auf mittlerer Hitze rösten, mit Salz würzen. Immer wieder mal durcheinander mischen. Darauf achten, dass die Kartoffeln genügend Bratfett haben. Gegen Schluss die Kartoffeln in der Pfanne leicht andrücken und um den Rand herum schön abgrenzen. Wenn sich eine hellbraune Kruste gebildet hat, die Rösti mit Hilfe eines Tellers wenden und auch auf der anderen Seite anbraten.

Tomaten-Gemüse: Tomaten in Würfel schneiden. Zwiebel und Kräuter fein schneiden. Alles zusammen in einer Pfanne in Öl vier Minuten dünsten. Mit Salz und Pfeffer abschmecken.

Serviertipp: Von den fein geschnittenen Kräutern etwas übrig lassen und damit zum Schluss das Tomaten-Gemüse garnieren.

www.vegane-volksküche.de

Spaghetti Alfredo

Zutaten für 2 Portionen:

300 g Spaghetti

1 große Zwiebel

2 Knoblauchzehen

3 Tomaten

2 EL getrocknete Tomaten
(in Öl eingelegt)

1 Handvoll Pinienkerne

5 EL Olivenöl zum Braten

100 ml Weißwein

Salz

Pfeffer

Chili

Zubereitung:

❧ Spaghetti in reichlich Salzwasser al dente kochen.

❧ Während die Spaghetti kochen, die Zwiebel und den Knoblauch schälen, klein schneiden und in einer großen Pfanne oder einem Wok in Olivenöl dünsten. Die Tomaten in kleine Würfel schneiden und zu den gedünsteten Zwiebeln dazugeben; köcheln lassen. Dann mit dem Weißwein ablöschen. Mit Salz, Pfeffer und nach Belieben Chili abschmecken. Nochmals kurz köcheln lassen.

❧ Die getrockneten Tomaten wie Zwiebel klein schneiden, die Pinienkerne im Mörser leicht zerdrücken. Beides zu der Soße dazugeben und gut mischen.

Serviertipp: Mit Rucola-Blättern garnieren.
Tipp: Spaghetti brauchen viel sprudelnd kochendes Wasser - die 10fache Menge, also für 300 g Spaghetti ca. 3 Liter Wasser. Mit Salz soll man im Kochwasser nicht sparen. Die Spaghetti sind dann al dente, wenn in ihrer Mitte noch ein winzig kleiner Mehlkern zu sehen ist.

Spaghetti

mit Gemüse-Bolognese

Zutaten für 2 Portionen:

300 g Spaghetti

1 Zwiebel

1 kleine Lauchstange

1 mittlere Karotte

1 kleines Stück Sellerie

5 Tomaten

5 EL Olivenöl

1 TL Zucker

Salz

Pfeffer

1 TL Paprikapulver edelsüß

1 gestrichener EL Mehl

Zubereitung:

🍽 *Spaghetti:* In reichlich Salzwasser al dente kochen und in ein Sieb abgießen.

🍽 *Gemüse-Bolognese:* Olivenöl in einem Topf oder einer Pfanne erhitzen und die klein geschnittene Zwiebel darin dünsten.

🍽 Die Tomaten im Mixer zerkleinern, dazugeben und kochen lassen.

🍽 Karotte und Sellerie schälen, grob würfeln. Lauch fein schneiden. Alles Gemüse im Standmixer zerkleinern und der Soße hinzufügen.

🍽 Mit Salz und Pfeffer würzen und kurz köcheln lassen. In einer Tasse das Mehl mit etwas Olivenöl und Paprika edelsüß verrühren und damit die Soße binden.

🍽 Die heißen Spaghetti mit der Soße vermischen.

Serviertipp:
Mit frischen Kräutern und Nussigiano (Rezept Seite 114) servieren.

www.vegane-volksküche.de

UNGARISCHES LETSCHO

Zutaten für 2 Portionen:

1 Zwiebel

1 rote Paprika

1 gelbe Paprika

1 kleine Dose grüne Bohnen

1 Handvoll gefrorene Erbsen

2 frische Tomaten

300 ml Tomatensoße

Olivenöl zum Braten

Salz

Pfeffer

Chilipulver

1-2 TL Paprikapulver edelsüß

Zubereitung:

🍃 Zwiebel schälen und klein schneiden und in einer Pfanne in Olivenöl dünsten.

🍃 Paprika in Würfel schneiden und kurz mitbraten. Tomaten würfeln und zusammen mit den Erbsen untermischen.

🍃 Bohnen absieben und dazugeben. Mit Salz, Chilipulver, Pfeffer und dem Paprikapulver würzen.

🍃 Tomatensoße unterziehen. Alles kochen lassen, bis das Gemüse gar ist.

Serviertipp: Mit frischem Toast servieren. Passt auch hervorragend zu Kartoffelpüree, Reis oder Bratkartoffeln.

www.vegane-volksküche.de

ZUCCHINITÜRMCHEN

mit Couscous

Zutaten für 2 Portionen:

2-3 mittelgroße Zucchini

2 Knoblauchzehen

1 Dose geschälte Tomaten

1 Tasse Couscous

2 Tassen Wasser

Olivenöl zum Braten

Thymian

Salz

Streuwürze

Pfeffer

Einkaufstipps:
Kleine bis mittelgroße Zucchini haben ein festeres Fruchtfleisch und kleinere Kerne als große. Sie sind knackiger und aromatischer.
Achten Sie beim Kauf von geschälten Tomaten auf gute Qualität; so hat die Soße wenig Säure und schmeckt von Natur aus fruchtig.

Zubereitung:

◉ *Tomatensoße:* Geschälte Tomaten mit einer Gabel grob zerkleinern, in einen Topf geben und salzen. Knoblauchzehe zerdrücken und als Paste hinzufügen. Kurz aufkochen.

◉ *Zucchinitürmchen:* Zucchini schräg in fingerdicke Scheiben schneiden. (Die Endstücke für den Couscous in kleine Würfel schneiden.)

◉ Olivenöl in einer Pfanne erhitzen, Knoblauchzehe leicht zerdrücken und mit dem Thymian zusammen in die Pfanne geben. Dann die Zucchinischeiben im Öl zugedeckt beidseitig braten.

◉ Die Zucchinischeiben aus der Pfanne nehmen. Einzeln wieder in die Bratpfanne geben und mit der Tomatensoße bestreichen, am besten mit einem Teelöffel. Eine Zucchinischeibe daraufsetzen, wieder mit Tomatensoße bestreichen und mit der dritten Scheibe jeweils das Zucchinitürmchen abschließen.

◉ *Couscous:* Während die Zucchinischeiben dünsten, den Couscous in einer Pfanne in wenig Olivenöl anrösten, mit Streuwürze würzen. 2 Tassen Wasser und die Zucchiniwürfel dazugeben, mischen und zugedeckt ca. 10 Min. ziehen lassen.
(Den Couscous können Sie nach Geschmack auch mit Frischkräutersoße abschmecken, z.B. mit Bärlauch-Rosso.)

www.vegane-volksküche.de

Desserts
& Getränke

APFELKÜCHLE

mit Vanillesoße und Zimtzucker

Zutaten für 2 Portionen:

Apfelküchle:

4 Äpfel

5 EL Weißmehl

2 EL Maismehl

1 EL Zucker

1/2 TL Backpulver

1 Prise Salz

Sprudelwasser

Bratöl

Vanillesoße:

500 ml Soja- oder Reismilch

1 Packung Vanillepuddingpulver
   zum Kochen

Zimtzucker:

3 EL Zucker

2 EL Zimt

Zubereitung:

꙳ *Apfelküchle:* Die Äpfel schälen und das Kerngehäuse ausstechen. In fingerdicke Scheiben schneiden.

꙳ Mehl, Maismehl, Zucker und Salz in einer Schüssel mit Sprudelwasser vermischen, bis ein flüssiger, homogener Teig entsteht.

꙳ Bratöl in einer Pfanne erhitzen. Die Apfelscheiben mit Hilfe einer Gabel im Teig wenden und dann, im Öl schwimmend, in der Pfanne auf beiden Seiten goldbraun backen. Auf Küchenpapier abtropfen lassen.

꙳ *Vanillesoße:* Nach Packungsrezept anrühren, aber statt Kuhmilch Reismilch oder Sojamilch verwenden. Es gibt auch fixfertige Soja-Vanillesoßen im Becher.

꙳ *Zimtzucker:* Zucker und Zimt mischen.

Serviervorschlag:
Die Apfelküchle mit Zimtzucker bestreuen.
Dazu die heiße Vanillesoße servieren.

www.vegane-volksküche.de

APFELTÄSCHCHEN

Zutaten für 12 Apfeltäschchen:

700 g Blätterteig

3 Äpfel, geschält

120 g Rosinen

100 g Aprikosenmarmelade

Reismilch oder Sojamilch

Zimt

Zucker

Zubereitung:

🍽 Ausgewellten Blätterteig in Quadrate schneiden (ca. 12 x 12 cm).

🍽 1 TL Marmelade mittig auf jedes Quadrat setzen, 1 EL Rosinen und ein Viertel geschälten Apfel (in Scheiben geschnitten) daraufgeben, mit einer großen Prise Zimt und Zucker bestreuen.

🍽 Die Ecken mit Wasser befeuchten und zwei gegenüberliegende Ecken einschlagen. Danach die anderen zwei Ecken darüberschlagen und andrücken.

🍽 Mit Reis- oder Sojamilch bestreichen und mit einer Prise braunem Zucker bestreuen.

🍽 Im Ofen 20 Minuten bei 170 Grad Umluft oder 200 Grad Ober-/Unterhitze goldbraun backen. Warm oder kalt servieren.

Serviervorschlag:

Dazu eine feine Vanillesoße reichen, heiß oder kalt - Rezept siehe Seite 134.

BIRNEN

an Heidelbeer-Bananen-Soße

Zutaten für 2 Portionen:

2 Bananen

100 g Heidelbeeren

2 Birnen

1 Zitrone

Zubereitung:

🌱 Birnen schälen, in Spalten schneiden und mit Zitronensaft beträufeln, damit sie sich nicht verfärben. Die Zitrone gibt außerdem einen erfrischenden Geschmack.

🌱 Bananen und Heidelbeeren zusammen mit einem Stabmixer in einem Becher pürieren. Einige Heidelbeeren für die Garnitur ganz lassen.

🌱 Die Heidelbeersoße auf zwei Teller geben und die Birnenspalten wie eine Blume auf dem Soßenspiegel drapieren.

Tipps: Frucht pur! Mit Heidelbeeren und Zitrone, nach Belieben auch mit Mandelplättchen garnieren.

www.vegane-volksküche.de

GEBRATENE GRIEßBÄLLCHEN
auf Holunderblüten-Apfelschnitzen

Zutaten für 2-3 Portionen:

Holunderblüten-Apfelschnitze:

2 Äpfel

100 ml Holunderblütensirup

Weizengrieß-Bällchen:

40 g Weizen-Grieß

300 ml Hafermilch

2 EL Zucker

1/2 Päckchen Bourbon
   Vanillezucker

Abrieb einer halben
   Zitronenschale

40 g Pflanzenmargarine

Maisgrieß-Bällchen:

60 g Maisgrieß

300 ml Hafermilch

2 EL Zucker

1/2 Päckchen Bourbon-
   Vanillezucker

Abrieb einer halben
   Zitronenschale

40 g Pflanzenmargarine

Zubereitung:

- Aus Weizengrieß und aus Maisgrieß zwei verschiedene und verschiedenfarbige, süße Holunderblüten-Grießbreie kochen:

- Zubereitung *Weizengrießbrei:* Alle Zutaten außer Grieß in einem Topf mischen und aufkochen. Dann langsam den Grieß (bitte Packungsangabe beachten) einrühren und auf schwacher Stufe unter ständigem Rühren kurz kochen lassen. Brei im Topf auskühlen lassen.

- Zubereitung *Maisgrießbrei:* Wie bei Weizengrießbrei.

- *Holunderblüten-Apfelschnitze:* 2 Äpfel entkernen und mit Schale in kleine Würfel schneiden. Diese Würfel in einem Topf mit 100 ml Holunderblütensirup und etwas Wasser unter gelegentlichem Rühren weich kochen.

- Mit dem Eisportionierer oder mit einem Löffel aus den beiden Grießbreien kleine Kugeln formen und in einer Bratpfanne in Bratöl oder Pflanzen-Margarine rundum braten.

Serviertipp:

Zusammen mit den kalten oder heißen Holunderblüten-Apfelschnitzen servieren.

GURKEN-SMOOTHIE *mit*
Apfel und Holunderblüten-Sirup

Zutaten für 2 - 3 Portionen:

1 Salatgurke

1 großer Apfel

250 ml Wasser

100 ml Holunderblütensirup

Zubereitung:

🌿 Salatgurke in grobe Stücke schneiden; den Apfel vierteln, schälen und entkernen.

🌿 Zusammen mit dem Wasser und dem Holunderblütensirup im Standmixer pürieren - fertig!

Variante:
Mit Erdbeeren oder Himbeeren, Apfel und Banane zubereiten: 250 g Erdbeeren, 1 Banane und 1 Apfel, (geschält, entkernt und geviertelt) mit ca. 200 ml Wasser im Standmixer pürieren.

HOLUNDERBLÜTEN-BOWLE
mit Prosecco / mit Weißwein und Früchten

Zutaten:

mit Prosecco:

100 ml Holunderblütensirup

2 Zitronen

1/2 l Sprudelwasser

1/2 l Prosecco

mit Weißwein und Früchten:

100 ml Holunderblütensirup

1/2 l Weißwein

Früchte der Saison - nach
   Belieben Kirschen, Himbeeren,
   Erdbeeren, Melone, in Stück-
   chen geschnitten

Zubereitung:

☙ *Bowle mit Prosecco:*

2 Zitronen in dünne Scheiben schneiden.
1/2 Liter Prosecco und 1/2 Liter Sprudelwasser zusammen mit
100 ml Holunderblütensirup mischen.

Die Zitronenscheiben und, so vorhanden, einige Holunderblüten
(oder Melissen- oder Pfefferminzblätter) dazugeben und im
Kühlschrank mindestens eine halbe Stunde ziehen lassen.

☙ *Bowle mit Weißwein und Früchten:*

Früchte der Saison (Kirschen, Himbeeren, Erdbeeren, Melone,
in Stückchen geschnitten) in Weißwein und Holunderblütensirup
ca. 1 Stunde ziehen lassen.

Dann Sprudelwasser und Prosecco nach Belieben dazugeben.
Kühl servieren!

Serviertipp: In einem schönen Glaskrug oder in einer
Bowlenschale kalt servieren, nach Wunsch
mit Eiswürfeln.
Aus Sektgläsern trinken.

HOLUNDERBLÜTEN-GELEE
mit frischen Früchten

Zutaten für 2-3 Portionen:

150 ml Holunderblütensirup

0,5 Liter Apfelsaft

Abrieb von 1 Zitronenschale

ca. 30 g Speisestärke

1 Apfel

1 Pfirsich

2 Aprikosen

Zubereitung:

❧ Früchte entkernen bzw. entsteinen und in kleine Würfel schneiden.

❧ Holunderblütensirup zusammen mit dem Apfelsaft und der Zitronenschale in einem Topf zum Kochen bringen.

❧ Speisestärke in einem Glas in wenig Apfelsaft auflösen und langsam mit einem Schneebesen in den kochenden Fruchtsaft einrühren.

❧ Von der Kochstelle nehmen und sogleich im Topf mit den Fruchtstücken mischen. In Dessertgläsern oder Schalen anrichten.

Serviertipp:
Mit Holunderblüten oder mit Pfefferminz- oder Melissenblättern garnieren.

HOLUNDERBLÜTEN-GRIESSKÖPFCHEN
auf Himbeerspiegel

Zutaten für 2-3 Portionen:

Grießköpfchen:

80 g Grieß

600 ml Hafermilch

100 ml Holunderblütensirup

3-4 EL Zucker

1 Päckchen Bourbon Vanillezucker

Abrieb einer halben
   Zitronenschale

70 g Pflanzenmargarine

Himbeerspiegel:

200 g Himbeeren

1 EL Zucker

etwas Wasser

Zubereitung:

🍂 *Grießköpfchen:* Alle Zutaten außer Grieß in einem Topf mischen und aufkochen. Dann langsam den Grieß (bitte Packungsangabe beachten) einrühren und auf schwacher Stufe unter ständigem Rühren kurz kochen lassen.
In Portionsförmchen, die gut mit kaltem Wasser ausgespült wurden, füllen und im Kühlschrank kalt stellen.

🍂 *Himbeerspiegel:* Himbeeren in einem kleinen Topf zusammen mit Zucker und Wasser unter ständigem Rühren kurz köcheln lassen.

Tipp: Topf beim Grieß-Einrühren vom Herd nehmen (= ohne Hitzezufuhr). So vermeidet man Klümpchen.

Serviervorschlag: Die kalten Grießköpfchen stürzen und auf der Himbeersoße anrichten. Nach Belieben mit frischen Himbeeren und Melisseblättchen garnieren.

Variante: Schmeckt auch ausgezeichnet zu Apfelmus oder anderen gekochten Früchten.

HOLUNDERBLÜTEN-SORBET

Zutaten für 2-3 Portionen:

100 ml Holunderblütensirup
5 EL Zucker
0,7 l trockener Weißwein
2 EL fein gehackte Minzeblättchen

Zubereitung:

🌿 Alle Zutaten in eine flache Metall- oder Glasschale geben und mischen.

🌿 Im Gefriergerät oder im Gefrierschrank 4 Stunden gefrieren lassen; dabei immer wieder mal gut durchrühren.

🌿 Danach das feste, aufgerührte Sorbet in Portionsschälchen füllen und ca. 2 Stunden weiter gefrieren lassen.

Serviertipp: Vor dem Servieren das Sorbet auf Dessertteller stürzen und mit Minzeblättchen garnieren.

Serviertipp: Dieses Dessert nur 1-2 Tage im Tiefkühlfach aufheben, sonst wird es zu fest. Ganz frisch schmeckt es am besten!

PFANNKUCHEN

mit heißen Früchten

Zutaten für 2 Portionen:

Pfannkuchen:

3 EL Weizenmehl

3 EL Maismehl

Sprudelwasser

1 Prise Salz

Bratöl

Puderzucker

Früchte:

2 kleine Birnen

2 kleine Bananen

3 EL Zucker

2 EL Rotwein

Zubereitung:

- *Pfannkuchen:* Mit einem Schneebesen Mehl, Maismehl und Salz in einer Schüssel mit Sprudelwasser zu einem glatten Teig verrühren.

- Öl in einer Pfanne erhitzen und den Teig portionsweise von beiden Seiten zu 2 goldgelben, dünnen Pfannkuchen backen.

- *Früchte:* Birnen schälen, halbieren, das Kerngehäuse entfernen und in längliche, dünne Scheiben schneiden. Bananen schälen und in Scheiben schneiden.

- Den Zucker ohne Fett unter ständigem Rühren in einer Pfanne karamellisieren lassen.
  Mit 2 - 3 EL Wasser ablöschen und die Zuckerkruste auflösen.
  Die Früchte dazugeben und in der Karamellsoße garen.
  Zum Schluss mit dem Rotwein ablöschen.

Serviertipp: Die Pfannkuchen auf Teller legen.
Die Früchte auf etwas mehr als eine Hälfte verteilen.
Dann die Pfannkuchen umklappen und mit Puderzucker bestreuen. Mit Pfefferminz- oder Melissenblättchen garnieren.

Variante: Dieses Rezept lässt sich mit fast allen Obstsorten zubereiten wie z.B. Aprikosen, Äpfel, Beeren etc.

www.vegane-volksküche.de

PFEFFERMINZ-
ZITRONENMELISSE-GETRÄNK

Zutaten für 1 Karaffe:

Frische Pfefferminze
    oder Zitronenmelisse

1 EL Zucker

Zubereitung:

- Blätter mit kochendem Wasser aufgießen.
  5 Minuten ziehen lassen.

- Blätter entfernen und Zucker einrühren.

- Im Sommer den Tee im Kühlschrank kalt stellen.

Variante: Beim Servieren das Glas zur Hälfte mit dem Pfefferminz-Getränk füllen, zur Hälfte mit Apfelsaft. Das schmeckt auch Kindern gut!

REISKÖPFCHEN
auf Holunderblüten-Gelee

Zutaten für 2-3 Portionen:

125 g Milchreis

ca. 600 ml Hafermilch

100 ml Holunderblütensirup

3-4 EL Zucker

1 Päckchen Bourbon Vanillezucker

Abrieb einer Zitronenschale

70 g Pflanzenmargarine

Zubereitung:

|O| Alle Zutaten in einen Topf geben und unter Rühren einmal kurz aufkochen.

|O| Temperatur auf die niedrigste Stufe stellen. Einen Deckel auf den Topf legen und den Milchreis ca. 40-45 Minuten, je nach Korngröße, ausquellen lassen.

|O| In Portionsschälchen, die gut mit kaltem Wasser ausgespült wurden, abfüllen und im Kühlschrank kalt stellen.

|O| *Holunderblüten-Gelee:* siehe Rezept Seite 146.

Serviertipp:
Die kalten Reisköpfchen stürzen und auf dem warmen oder ausgekühlten Holunderblüten-Gelee servieren.
Mit Zitronenscheibchen und Melisse- oder Pfefferminzblättern garnieren.

Variante:
Zusätzlich noch mit frischen Fruchtstückchen dekorieren, z.B. Erdbeeren, Himbeeren, Apfelschnitz ...

Spinat-Smoothie

Zutaten für 1 Karaffe:

1 Banane
1/2 Glas Ananas
1 Handvoll Spinat

Zubereitung:

🌿 Banane schälen und in den Standmixer geben.

🌿 Ananas-Stücke und Spinat dazugeben; dann mit 1 Glas Wasser aufgießen.

🌿 Alle Zutaten zuerst zerkleinern und dann auf hoher Stufe cremig mixen. Je nach gewünschter Cremigkeit noch Wasser hinzufügen.

🌿 In dekorative Gläser füllen. Auch als Apero ein Genuss!

Frucht und Gemüse pur - ein Hochgenuss!

PRODUKTEMPFEHLUNG

Würzfee Streuwürze -

Rein pflanzlich, aus 800 g Gemüse/Kräutern. Mit wertvollen Shiitake-Pilzen und mineralstoffreichen Apfelchips.

Die für die *Lebe Gesund-Würzfee* verwendeten Gemüse und Kräuter kommen aus eigenem, Friedfertigen Landbau (ohne Mist und Gülle, ohne künstliche Dünger, ohne Pestizide).

Um ihren wunderbaren Geschmack und die wertvollen Nährstoffe bestmöglich zu erhalten, werden Gemüse, Kräuter, Apfelchips und Pilze schonend getrocknet und erst kurz vor dem Vermischen fein vermahlen. 1 kg frisches Gemüse ergibt 70 g bis 100 g Trockengemüse.

Zum Würzen werden ausschließlich naturbelassenes Steinsalz und frisch getrocknete Kräuter, Gemüse, Wurzeln, Shiitake-Pilze und Obst verwendet.

Frischkräutersoßen: Bärlauch, Pesto & Co -

Die *Lebe Gesund* Frischkräutersoßen sind das, was der Name verspricht: aus frischen Kräutern zubereitet. Frische Kräuter in Öl einzulegen und somit haltbar zu machen, erfordert viel Handarbeit und Sorgfalt. Die Kräuter gedeihen im Friedfertigen Landbau und werden von Hand geerntet, schonend zerkleinert und werterhaltend in erstklassigem Oliven- und Sonnenblumenöl eingelegt. So bleibt der einmalige Kräuterduft und das volle Geschmackserlebnis von frischem Bärlauch, Basilikum (Pesto), Petersilie oder Schnittlauch erhalten. Damit haben Sie einen Kräuterstrauß zu Hause, monatelang haltbar - ein Kräutergarten, aus dem Sie das ganze Jahr ernten können.

Achten Sie auf dieses Siegel

iBi - das Original

Cremig-frischer Brotaufstrich in vielen Sorten: Tomaten, Paprika, Auberginen, Zwiebeln, Hokkaido, Äpfel - im Spessart in Friedfertigem Landbau gewachsen, erfreut jedes Gemüse durch seinen einmaligen Geschmack und gibt jeder iBi-Sorte ihre unverwechselbare Note.
Die iBi-Aufstriche lassen sich alle ohne viel Aufwand in eine köstliche Soße zu Nudeln, Gemüse und allen Gerichten verwandeln. iBi dient Ihnen auch als Salatdressing, als Dip, verfeinert Suppen, Ihren Kartoffel-Auflauf und kann zum Anbraten verwendet werden von Gemüse, Reis usw.

- reich an mehrfach ungesättigten Fettsäuren, Vitamin B1
- nur halb so fett wie Margarine
- rein pflanzlich, vegan

- ohne Milch, ohne Ei, glutenfrei, ohne Soja, ohne Hefeextrakt (wichtig für Menschen mit Allergien)

Wir können Ihnen hier nur einige wenige *Lebe Gesund*-Produkte vorstellen.
In *Lebe Gesund*-Qualität erhalten Sie außerdem Brote in vielen Sorten, feine Pasta, Trockennudeln, Soßen, Obst, Gemüse, Gourmet-Suppen, Kräutersalz und Gewürzkräuter, Fruchtaufstriche, Obst- und Gemüsesäfte, vegetarische Weizenfleisch-Spezialitäten ...
Fordern Sie den *Lebe Gesund* Versandkatalog an, oder besuchen Sie die Internetseiten:
Lebe Gesund **Versand**
Gratis-Tel. 0800/1224000
www.LebeGesund.de

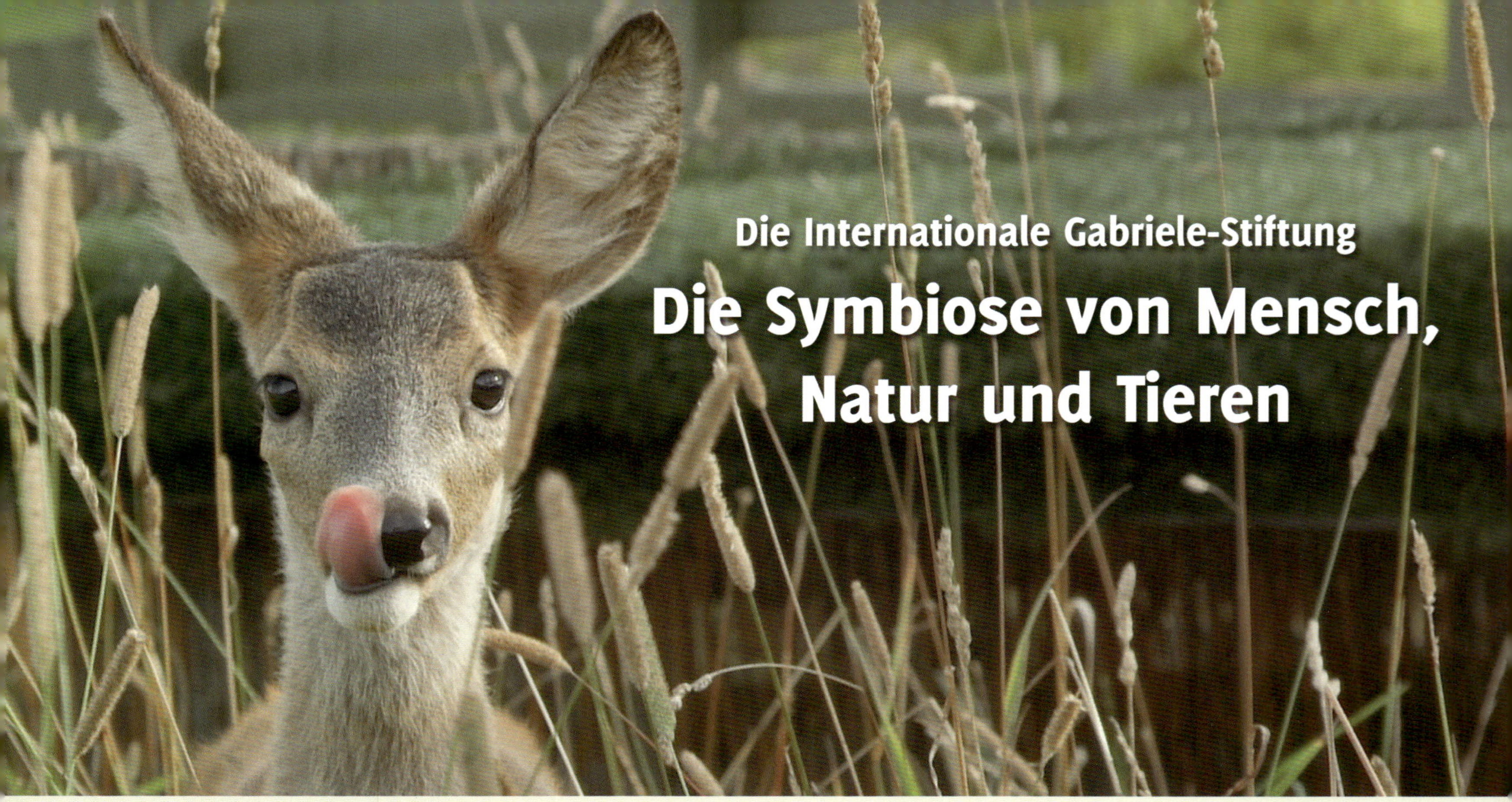

Die Internationale Gabriele-Stiftung

Die Symbiose von Mensch, Natur und Tieren

Wo Tiere nichts zu befürchten haben, fassen sie wieder Vertrauen in die Menschen. Man kann sie am hellen Tag auf den Wiesen beobachten.

Der Mensch hat viel Leid über die Erde und seine Bewohner, die Tiere, gebracht. Durch Ausbeutung und Vergiftung der Böden, durch barbarische Tierversuche und nicht zuletzt durch seine Essgewohnheiten. Milliarden Tiere fallen jedes Jahr der Gaumenlust des Menschen zum Opfer. Die Internationale Gabriele-Stiftung, gegründet von Gabriele, der Prophetin und Botschafterin für diese Zeit, wirkt diesem Leid entgegen und setzt sich weltweit für die Wiedergutmachung an Natur und Tieren ein.

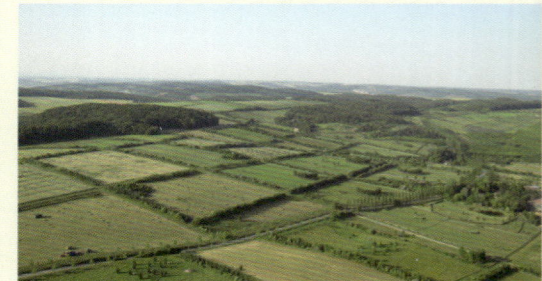

Hier haben Tiere Vorfahrt: Der Biotopverbund auf dem Land des Friedens

Das Land des Friedens

Auf dem Land des Friedens, das die Internationale Gabriele-Stiftung im Herzen Deutschlands aufbaut, haben Tiere und Menschen das gleiche Lebensrecht. Frei lebende Tiere wie Rehe, Hasen oder Vögel erhalten wieder ihren ursprünglichen Lebensraum zurück. In wenigen Jahren ist ein Biotopverbund von überwältigender Schönheit entstanden: Waldstücke, Feuchtbiotope, Wiesen und Streuobstwiesen liegen malerisch in einer hügeligen Landschaft, verbunden durch kilometerlange Heckenzüge, in denen Wildtiere Schutz und Nahrung

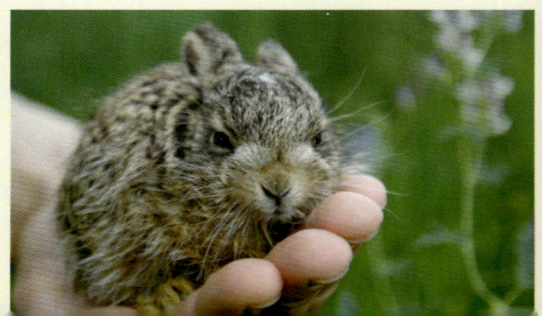

finden. Gemäß der Goldenen Regel des Jesus von Nazareth, „Was ihr wollt, dass andere euch tun sollen, das tut ihr ihnen zuerst", wird der Lebensraum für die unterschiedlichsten Tierarten aufgebaut, und sie erhalten Hilfe und Fürsorge. Denn genau wie Hunde und Katzen eine innige und tiefe Freundschaft zu uns Menschen aufbauen können, möchten alle Tiere mit uns in Frieden und Einheit leben.

Drei Igelkinder finden in der Pflegestation ein vorübergehendes Zuhause.

Der Beginn einer neuen Zeit!

Noch ist das Land des Friedens klein, und viele Tiere warten auf Zuzug. Menschen in aller Welt, die ein Herz für Tiere haben, wirken mit, dass das Land des Friedens, die Symbiose von Mensch, Natur und Tieren weiter wachsen kann. Viele Einrichtungen konnten durch die Mithilfe vieler Förderer in den letzten Jahren geschaffen werden, z.B. eine Auffang- und Pflegestation für Tiere, sowie das Seniorenparadies „Helfende Hände für Tiere", in dem betagte Tiere ihren Lebensabend in Würde verbringen können.

Das Beispiel des Landes des Friedens setzt sich fort. In vielen Ländern der Erde, besonders in Afrika, beginnen Menschen, nach dem Vorbild des Landes des Friedens in Deutschland einen neuen Umgang mit der Natur und den Tieren zu praktizieren. Es ist der Beginn einer neuen Zeit.

Überall wurden Futterstellen und Tränken für frei lebende Tiere eingerichtet.

Helfen Sie mit? Die Tiere danken es Ihnen!

Gerne senden wir Ihnen eine umfassende Farbbroschüre über die Ziele und Aktivitäten der Internationalen Gabriele-Stiftung, sowie über die Möglichkeiten, Tier-Patenschaften zu übernehmen, zu!

Internationale Gabriele-Stiftung

Das Saamlinische Werk der Nächstenliebe

Die Symbiose von Mensch, Natur und Tieren, das Land des Friedens.

INTERNATIONALE GABRIELE - STIFTUNG

Max-Braun-Str. 2, 97828 Marktheidenfeld
Tel. 0049/(0)9391/504-427

Spendenkonto 20 62 88, BLZ 673 900 00, Volksbank Main-Tauber

www.internationale-gabriele-stiftung.de

Feuchtbiotope bieten den unterschiedlichsten Tierarten Lebensraum.

Tiere klagen - der Prophet klagt an!

Gabriele, die Prophetin und Botschafterin Gottes in unserer Zeit, verleiht den Tieren eine Stimme, die auch zu Ihrem Herzen sprechen möchte.
In dieser Broschüre zeigt sie außerdem die Hintergründe für die jahrtausendelange Missachtung von Tieren auf.
Broschüre, 160 Seiten, mit Farbbildern, gratis

Der Mord an den Tieren ist der Tod der Menschen

Das Maß ist voll - es ist genug! Die Ausbeutung und Verunreinigung der Erde, das Töten und Quälen von Millionen von Tieren hat massive Auswirkungen auf das Leben der Menschen ...
Broschüre, 60 Seiten, gratis

Als Hörbuch: 2 CDs, Euro 9,80
ISBN 978-3-89201-165-1

Vegetarier - gottlose Ketzer!
Was Fleischesser und Vegetarier gleichermaßen wissen sollten

Übermäßiger Fleischkonsum ist ein schwerwiegendes Problem: Dem Menschen bringt er Übergewicht und Krankheiten. Den Tieren bereitet er unsägliche Quälereien in der Massentierhaltung und einen grausamen Tod im Schlachthof. Zurück bleiben abgeholzte Regenwälder, vergiftete Böden und Gewässer - und ein Planet Erde, der direkt in die Klimakatastrophe getrieben wird. - Wer hat uns das eingebrockt? Wer den Blick schärft, findet den Berufsstand, der schon vor Jahrhunderten den Grundstein für die brutale Missachtung des Lebens gelegt hat - und diese „Tradition" bis heute hoch hält. Wer dabei nicht mitmacht, gilt bis heute als „Gottloser Ketzer".

144 S., kart., Euro 12,90. ISBN 978-3-89201-345-7

Esst kein Fleisch!
Warum?

In Deutschland leben ca. 82 Millionen Menschen. Demgegenüber wurden über 166 Millionen „Nutztiere" - also mehr als doppelt so viele - vom Statistischen Bundesamt erfasst. Fast alle diese Tiere fristen ein qualvolles Dasein in den Tierghetto-Betrieben. Weltweit werden jedes Jahr über 50 Milliarden (!) Landtiere und zirka eine Billion Fische für den menschlichen Verzehr getötet. Hierfür gibt es keinen intelligenten Grund, denn: * Fleisch essen ist grausam * Fleisch essen macht krank * Fleisch essen verursacht globales Leid * Tiere haben eine Seele ...

Eine umfassende Aufklärung, mit den wesentlichen Fakten und Informationen zum Thema. Broschüre, 52 Seiten, gratis

Für die Einheit von Mensch, Natur und Tieren

Das Leben mit unseren Tiergeschwistern
Du, das Tier - Du, der Mensch
Wer hat höhere Werte?

Wussten Sie, dass Tiere über Schnupperbilder den Duft unserer Empfindungen, Gedanken und Worte aufnehmen - und sich entsprechend verhalten?
Liobani, ein Geistwesen, lehrt uns, unsere Übernächsten zu verstehen, sie als Freunde zu achten, und zeigt uns, wie wir in rechter Weise mit ihnen umgehen. Ein wertvoller Ratgeber für jeden Tierfreund.
172 S., kart., mit Fotos. Euro 9,50. ISBN 978-3-89201-227-6

Schau mir in die Augen

Tiere blicken Sie an - empfinden Sie in dem Augen-Blick Ihres Mitgeschöpfes die Tiefe und den Reichtum seines Wesens.
Aus dem Blick unserer Tiergeschwister spricht das wahre Leben uns an: Würde, feinste Empfindung, Stille ...
Die Tierportraits in diesem Büchlein sind begleitet von Aussagen naturverbundener Menschen und insbesondere von Worten aus dem Geiste Gottes, gegeben durch Gabriele, Seine Prophetin und Botschafterin in unserer Zeit.

96 S., geb., Format 16 x 16,5 cm
Mit Farbfotos. Euro 8,00. ISBN 978-3-89201-166-8

Vegetarisch essen - Fleisch vergessen
Ärztlicher Ratgeber für Vegetarier und Veganer

Immer mehr wissenschaftliche Studien belegen die gesundheitlichen Vorteile vegetarischer Ernährungsformen. Ärzte mit langjähriger Praxiserfahrung geben in diesem Buch die Ergebnisse der wichtigsten Studien in leicht verständlicher Form wieder und zeigen auf, was Vegetarier - und Veganer - bei ihrer Ernährung beachten sollten.

4., überarbeitete und erweiterte Auflage,
128 S., kart., Euro 9,80. ISBN 978-3-89201-367-9

Das tierfreundliche Kochbuch

Der Longseller unter den veganen Kochbüchern! Wie Sie mit gesunden Zutaten ohne Fleisch und andere tierische Produkte leckere Gerichte auf den Tisch bringen, erfahren Sie in diesem Buch mit praktischen Schritt-für-Schritt-Anleitungen. Deftige Kürbisspezialitäten, internationale Gerichte, Salate, Reisgerichte, Backrezepte ohne Milch und Ei, süße Speisen ...
208 S., geb., inkl. Extra-Broschüre „Soßen, Dressings & Dips"
Euro 24,00. ISBN 978-3-89201-143-9

ZITATE

*Nichts wird die Chance auf ein Überleben
auf der Erde so steigern wie der Schritt zur
vegetarischen Ernährung.*

Albert Einstein, Physiker und Nobelpreisträger
(1879-1955)

*Das Elend der Menschen
wird so lange dauern, wie der Jammer der Tiere
zum Himmel schreit.*

Manfred Kyber, Schriftsteller (1880-1933)

*Heute sehen wir nichts mehr vom qualvollen
Leben und Sterben des Schlachtviehs.
Das geht automatisch vor sich. Eben noch ein Tier,
im nächsten Augenblick schon zerteiltes Fleisch:
unsere Nahrung. Unsere Art von Kannibalismus.*

Luise Rinser, deutsche Schriftstellerin (1911-2002)

*Die Goldene Regel -
„Was du nicht willst, dass man dir tu',
das füg' auch keinem anderen zu' -
sagt uns nicht nur, wie wir unsere Mitmenschen
behandeln sollen, sondern auch, wie wir Tiere
behandeln sollen.
Wir brauchen für Tiere keine neue Moral.
Wir müssen lediglich aufhören, Tiere willkürlich aus
der vorhandenen Moral auszuschließen.*

Helmut Kaplan, deutscher Philosoph

*Vorerst wäre es zwar utopisch, etwa
die Schlachthöfe abschaffen zu wollen,
diese weitaus größte, diese allerschlimmste Schande
der Menschheit, die Vivisektion mal beiseite.
Und doch könnte jeder Einzelne etwas höchst
Wirksames dagegen tun, so wirksam, dass es der
Beseitigung der Schande gleich käme - durch Verzicht
schlicht auf den sogenannten Fleischgenuss.
Das aber wollen die meisten nicht, obschon sie derart
viel besser, gesünder und oft länger leben könnten,
übrigens die Menschheit sich auch beträchtlich
leichter ernähren ließe.*

Karlheinz Deschner,
Schriftsteller und Religions- und Kirchenkritiker

*Warum ich Vegetarier geworden bin?
Aus vielen Gründen: einmal war ich krank,
und die neue Diät hat mich geheilt.
Daher behalte ich sie.
Zweitens: Die weltweite Getreideernte ist rund
2 Milliarden Tonnen pro Jahr.
Über 500 Mio werden dem Vieh der reichen Nationen
verfüttert - während in den 122 Ländern der Dritten
Welt (wo 3,8 der 5 Milliarden Menschen unseres
Planeten wohnen) pro Tag nach UNO-Statistik
43 000 Kinder am Hunger sterben.
Diesen fürchterlichen Massenmord
will ich nicht mehr mitmachen:
kein Fleisch zu essen, ist ein minimaler Anfang.*

Jean Ziegler, CH-Nationalrat, Buchautor,
UNO Sonderbeauftragter

Auszüge aus dem Buch „Lasst die Tiere leben!
108 S., kart., Euro 9,90. ISBN 978-3-89201-327-3

*Gott gibt die Körner
und die Früchte der Erde
zur Nahrung;
und für den rechtschaffenen Menschen gibt es keine
andere rechtmäßige Nahrung für den Körper.*

Jesus von Nazareth (Das Evangelium Jesu)

*Lasset daher die Geschöpfe frei,
dass sie sich in Gott freuen und die Menschen
nicht in Schuld bringen.*

Jesus von Nazareth (Das Evangelium Jesu)

*O Ali, enthalte dich für vierzig
aufeinanderfolgende Tage des Fleischessens.
Denn wenn du vierzig Tage hintereinander
Fleisch isst, wird dein Herz so hart wie Stein werden
und du wirst kein Mitgefühl mehr haben.
Deshalb lass davon ab,
jegliches Fleisch zu essen!*

Mohammed, an seinen Schwiegersohn Ali

*Wohlwollen
erzeugt eine Atmosphäre des Vertrauens,
Fleischverzehr hingegen
eine Aura der Aggressivität.*

Buddha, Lankavatra-Sutra

Lasst die Tiere leben!

**Was sagen große Geister?
Was sagte Jesus von Nazareth?
Was sagt die Gottesprophetie heute?**

*Fleisch kann man sich nicht verschaffen,
ohne anderen Lebewesen Gewalt anzutun.
Deshalb sollte man den Verzehr von Fleisch
vermeiden.*

Aus altindischen Gesetzesschriften.

*Das Fleisch der gemarterten Mitgeschöpfe ist
durchzogen von ihrer Angst, ihrer Not, ihrer Pein,
ihrem Entsetzen, ihrem Grauen.
Diese Energien lösen sich auch durch die Zubereitung
des Fleischgerichtes nicht in Nichts auf.
Über die Aufnahme in den Verdauungstrakt
des Fleischessenden wirken sie in weiteren Bereichen
des Körpers wie z.B. im Blut, in den Nerven,
in Muskeln, Organen, in den Säften des physischen
Leibes, auch im Gemüt ...*

Gabriele, die Prophetin und Botschafterin Gottes
in unserer Zeit

Seid also rücksichtsvoll,
gütig, mitfühlend und freundlich
nicht allein mit euresgleichen,
sondern auch mit aller Kreatur, die in euerer Obhut ist;
denn ihr seid für sie wie Götter,
zu denen sie aufblicken in ihrer Not.

(Jesus von Nazareth, Das Evangelium Jesu in
„Das ist Mein Wort. Alpha und Omega", Kap. 19, 9)

Gerne übersenden wir Ihnen unser Gesamtverzeichnis
aller Bücher, CDs und DVDs sowie Gratis-Leseproben.

Gabriele-Verlag Das Wort GmbH
Max-Braun-Str. 2, 97828 Marktheidenfeld
Tel. 09391/504135
www.gabriele-verlag.de